Dyad

Konzepte der Humanwissenschaften

René A. Spitz

# Vom Dialog

Studien über den Ursprung der menschlichen Kommunikation und ihrer Rolle in der Persönlichkeitsbildung

Ernst Klett Verlag
Stuttgart

Aus dem Englischen übersetzt von
Käte Hügel und Erhard Künzler (Kap. 2)

Printed in Germany 1976
Einbandgestaltung und Typographie: Heinz Edelmann
Satz und Druck: Hieronymus Mühlberger KG, Augsburg
ISBN 3-12-907150-4

## Vorbemerkung des Verlages

In seinem letzten Buch untersucht René A. Spitz die besondere Form der Gegenseitigkeit zwischen Mutter und Kind, die er »Dialog« nennt. Es handelt sich um keinen verbalen Dialog, sondern um dessen Vorform, einen Austausch von Handlung und Reaktion, der innerhalb der Dyade als Kreisprozeß vor sich geht. Es ist so etwas wie eine archaische Form des Gesprächs, zugleich die Grundlage der Objektbeziehungen und des sozialen Verhaltens auch im späteren Leben. Im »Dialog« erfährt das Kind zum erstenmal die Unterscheidung zwischen Belebtem und Unbelebtem, es entwickelt Affekte — Libido und Aggression.

An Beispielen aus der Verhaltensforschung zeigt Spitz, wie das Fehlen dieses »Dialogs« die ganze weitere Entwicklung eines Lebewesens — sei es Mensch oder Tier —, die Entwicklung seiner Sexualität, die Einstellung zur Gruppe und zur Gesellschaft hemmt oder negativ beeinflußt.

Schädigungen anderer Art gehen auf die »falsche« mütterliche Betreuung zurück, auf ein Übermaß affektiver Stimulierung, auf undiszipliniertes Verhalten der Eltern. Auch hier wird an Tierversuchen und Tests der experimentellen Psychologie anschaulich gemacht, welche Folgen solche Überstimulierungen, zu denen auch Phänomene unserer Umwelt wie Reizüberflutung und Überbevölkerung gehören, für die Zukunft des Menschen haben können.

## Inhalt

# 1 Das Leben und der Dialog[1]

Wer noch die Zeit vor dem Aufkommen des Kinos, ja vielleicht sogar die der ersten bewegten Guckkastenbilder, erlebt hat, erinnert sich wohl auch noch an eine ältere Volksbelustigung: das Wachsfigurenkabinett. Es ist lange her, daß ich irgendwo ein solches angezeigt gesehen habe; aber es gibt bekanntlich noch immer jene Schatzkammer der viktorianischen Tradition, Madame Tussauds »Waxworks« in London, dieses spukhafte, etwas finstere, monströse Museum. Auch heute noch dürfte es sich für den Studierenden der menschlichen Psyche lohnen, dorthinzugehen und seine Beobachtungen zu machen.

Denn diese Wachsfiguren waren und sind nicht, wie man annehmen könnte, nur Abbildungen von Berühmtheiten und Merkwürdigkeiten. Es sind nicht nur Nachbildungen von Figuren des öffentlichen Lebens in ihren Staatsroben oder im Kreise ihrer Familie oder von blutbefleckten Verbrechern am rekonstruierten Ort ihrer Untaten. Es sind darunter auch Wachsfiguren, die sich mittels eines Mechanismus bewegen können und die Illusion erwecken sollen, sie seien lebendig. Am aufregendsten ist immer eine Figur, die hier und da in den Weg eines gaffenden Beschauers geschmuggelt und von ihm für einen der Besucher gehalten wird, bis er an sie anstößt. Und unweigerlich fühlt sich dann einer der Zuschauer, gewöhnlich ein unbeweibter Herr zwischen zwanzig und vierzig Jahren, davon inspiriert, sich seinerseits irgendwo in starrer Pose aufzustellen und Wachsfigur zu spielen; wenn ihn dann die Kinder berühren, »wird er wieder lebendig« und erschreckt sie so, daß ihnen für eine Woche das Wachsen vergeht.

Das Unbelebte, das die Illusion des Lebendigen erweckt, übt eine merkwürdige Faszination aus; ebenso das Lebendige in der Pose des Unbelebten. Von dieser Faszination ist unser Denken stärker

[1] Aus: »Counterpoint. Libidinal Object and Subject. René A. Spitz zu seinem 75. Geburtstag gewidmet.« Hrsg. v. Herbert S. Gaskill, New York (Int. Univ. Press) 1963.

durchtränkt, als wir uns gewöhnlich bewußt machen. Hätte ich ein Wachsfigurenkabinett in der Nähe, so würde ich es fotografieren und Ihnen eine Illustration zu dem zeigen, was uns heute beschäftigen soll. Denn ich will die Frage aufwerfen, wie der Mensch das Belebte vom Unbelebten, die Lebewesen von den Dingen zu unterscheiden lernt.

In einer illustrierten Zeitschrift war kürzlich ein kleines Mädchen abgebildet, das eine fast ebenso große Puppe küßte, mit der Unterschrift: »Welche von beiden ist die Puppe?« Die Unterschrift sollte wohl witzig sein, aber das Bild konnte niemanden täuschen. Auch ohne Farbe, Bewegung und Raumtiefe »wußte« man sofort, wer das Kind und wer die Puppe war.

Es ist wohl nicht sinnlos, vielmehr ein echtes psychologisches Problem, zu fragen, wie wir es fertigbringen, das Lebendige vom Nichtlebendigen zu unterscheiden. Wie das beim erwachsenen Menschen geschieht, muß ich der Erforschung durch andere überlassen. Ich will mich hier damit befassen, wie diese Unterscheidung beim Säugling zustande kommt und speziell, wann sie beginnt.

Denn sie muß ja einmal beginnen. Wir können wohl mit Sicherheit annehmen, daß bei der Geburt noch keine visuelle Unterscheidung zwischen belebten und unbelebten Objekten besteht. Wenn das korrekt ist, haben wir zu erforschen, durch welchen Prozeß und in welchen Schritten das menschliche Kind diese hochspezialisierte Unterscheidungsfähigkeit erwirbt, auch warum das Kind schon sehr früh das Belebte dem Unbelebten vorzieht.

Warum ist von einem gewissen Alter an jedes Kind unweigerlich mehr interessiert an einem lebendigen Hündchen als an dem ingeniösesten mechanischen Spielzeug, viel mehr an einem lebendigen Baby (wenn wir ihm nur erlauben würden, es anzufassen) als an der schönsten Puppe, selbst wenn diese weinen, Mama sagen, schlafen und sogar die Windeln naßmachen kann, so wie die heutigen Puppen gebaut sind?

In der psychoanalytischen Literatur ist es Winnicott (1953), der in seiner wichtigen Arbeit »Übergangsobjekte und Übergangsphänomene« dem Problem der Unterscheidung zwischen Belebtem und Unbelebtem am nächsten kommt. Ich glaube ihn richtig zu verstehen, wenn ich annehme, daß er die Dauerbeziehung eines

Kindes zu einem unbelebten »Ding«, das weich und schmiegsam sein kann oder auch nicht, als ein Mittel des Kindes betrachtet, durch das es u. a. Autonomie vom libidinösen Objekt erwirbt; andererseits wird es dem Kind möglich, Konflikte und Probleme in seiner Beziehung zum libidinösen Objekt mit Hilfe der Phantasien zu überwinden, die es am Übergangsobjekt, einem unbelebten Objekt, agiert.

Mahler (1960) geht das Problem von der entgegengesetzten Seite her an. Sie führt den Begriff der *Entdifferenzierung* ein und beschreibt, wie die Ich-Regression des schizophrenen Kindes auf ein Niveau der Wahrnehmungs-Entdifferenzierung zurückweicht, auf welchem die Unterscheidung zwischen Belebtem und Unbelebtem, die schon eingesetzt hatte, wieder verlorengeht. Mahler nimmt also an, daß eine solche Unterscheidung an einem bestimmten Punkt der frühkindlichen Entwicklung erworben wird. Sie schreibt die erste Erwähnung dieses Prozesses Monakow zu — m. E. zu Unrecht, denn was Monakow beschreibt, spielt sich viel später ab und hat mit unseren heutigen Vorstellungen vom Beginn der unterscheidenden Wahrnehmung wenig zu tun. Es ist Mahlers und nicht Monakows Verdienst, die Aufmerksamkeit auf die Tatsache gelenkt zu haben, daß die Unterscheidung zwischen Belebtem und Unbelebtem bei der Geburt noch nicht vorhanden ist, sondern einem Entwicklungsprozeß unterliegt. Ich will nun versuchen, einige frühe Stadien dieses Prozesses zu beschreiben.

Ich beginne mit einer kurzen Übersicht über das, was wir von den Vorstufen der visuellen Unterscheidung zwischen Belebtem und Unbelebtem während des ersten Lebensjahres wissen.

Schon wenige Wochen nach der Geburt können wir zwei visuelle Reize feststellen, die die Aufmerksamkeit des Säuglings und seine Reaktion auf Lebendiges mit Zuverlässigkeit erregen.

Es ist erstens die Wahrnehmung des menschlichen Gesichts, vor allem der Augen, auf die der Säugling schon mit vier bis sechs Wochen reagiert, indem er sie mit seinen Augen verfolgt. Der andere Reiz ist die Wahrnehmung jeglicher Art von Bewegung. Ich habe schon an anderer Stelle (1959) mitgeteilt, daß diese beiden Reaktionen m. E. angeboren oder genauer gesagt, ererbt sind. Sie scheinen von der Art der AAM zu sein, obwohl man beim gegenwärtigen Stand unseres Wissens dafür noch keine schlüssigen Beweise vorlegen kann.

Im Gange der Entwicklung kombinieren sich diese Reize mit anderen, bekommen Zusammenhang und werden zu einer Gestalt, die beim zwei- bis dreimonatigen Säugling seine erste soziale Reaktion auslöst und seine Wahrnehmung des Unterschiedes zwischen Ich und Nicht-Ich einleitet.

Wie in einer Reihe von Experimenten gezeigt (Spitz und Wolf, 1946), besteht in dieser Phase kein Unterschied zwischen der Reaktion des Kindes auf das wirkliche menschliche Gesicht und der auf eine unbelebte Maske, solange die Bedingungen der Gestaltkonfiguration plus Bewegung erfüllt sind. Dieser Stand der Dinge hält bis etwa zum sechsten Lebensmonat an — mit den üblichen Altersvariationen des einzelnen Kindes.

In der nächsten, etwa im sechsten Monat beginnenden Phase will das Kind jedoch nicht länger das unbelebte Objekt statt des lebendigen Partners annehmen, und sei es auch nur kurzfristig. Es nützt auch nichts, wenn man die Maske der bevorzugten Gestalt ähnlich macht und sie bewegt; es scheint sogar, als ob die Maske um so angsterregender wird, je mehr sie dem lebendigen Gesicht ähnelt.

Ich habe nun die Behauptung aufgestellt, daß auf dieser Altersstufe eine Übergangsphase eintritt, in welcher eine Anpassung an das Unbelebte einerseits, das Belebte andererseits stattfindet. Ich bin zu dieser Annahme gekommen, weil ich beim menschlichen Kind dieses Alters eine Vielfalt unerwarteter und unvorhersagbarer Reaktionen auf lebende wie unbelebte Objekte beobachtet habe. Ähnliche Beobachtungen werden auch von den Ethologen hinsichtlich der Jungen einiger Tierarten auf der entsprechenden Entwicklungsstufe berichtet.

Meine Befunde über die Reaktionen des Säuglings auf bekannte und unbekannte lebende Objekte habe ich in einer Reihe von Publikationen niedergelegt (Spitz, 1950); ich habe diese Reaktion *Achtmonatsangst* genannt, denn es ist eine Angstreaktion, die das Kind in der zweiten Hälfte des ersten Lebensjahrs zeigt, wenn es mit einem fremden Menschen konfrontiert wird. Ich stellte die Behauptung auf (1959), daß diese Reaktion auf das Belebte, speziell die Unterscheidung zwischen dem libidinösen Objekt und dem Fremden, den Indikator für das Erscheinen des zweiten Organisators in der kindlichen Psyche darstellt.

Ich habe in meiner Publikation nur angedeutet, daß ähnliche Reaktionen des Kindes auch auf das *Unbelebte* stattfinden (1950), weil meine Beobachtungen solcher Reaktionen anfänglich nur unsystematisch durchgeführt waren. Lange Zeit war ich nicht imstande, eine Erklärung hierfür vorzulegen. Es wurde im Gange der Beobachtungen jedoch deutlich, daß um die Zeit des Auftretens der Achtmonatsangst eine Anzahl der Kinder auch Angstreaktionen vor Spielzeugen und unbelebten Dingen zeigten. Diese Reaktionen traten nicht mit der gleichen Regelmäßigkeit auf wie die Achtmonatsangst — sie sind unberechenbar und unzuverlässig. Wenn wir ihnen jedoch unsere Aufmerksamkeit zuwenden, können wir vielleicht auch Gesetze finden, denen diese Reaktionen unterliegen.

Ich wurde erstmals auf diese Erscheinung aufmerksam, als ich Kleinkindern, die vorher nie eine Puppe gesehen hatten, eine 30 cm große Puppe zeigte: sie reagierten darauf mit Angst. Die Reaktion war zwar bei den einzelnen Kindern verschieden, wie es ja auch bei der Achtmonatsangst der Fall ist. Sie reichte von leichter Abneigung, die Puppe zu berühren, bis zu panischem Schreien.

Es gelang mir nicht, diese Puppenangst mit der Lebensgeschichte des einzelnen Kindes oder mit dem Vorhandensein oder Nichtvorhandensein der Achtmonatsangst bei dem betreffenden Kind in Verbindung zu bringen. Allerdings schien die Reaktion bei Kindern, die eine Trennung erlebt hatten, besonders stark zu sein; dies ist jedoch nur ein Eindruck und muß noch genauer nachgeprüft werden.

Im weiteren Verlauf meiner Experimente entdeckte ich, daß zwar die Puppe die auffälligsten negativen Reaktionen auslöste, daß aber auch andere unbelebte Objekte in dieser Phase die gleiche Wirkung hatten, obwohl nicht immer beim gleichen Kinde.

Diese Beobachtungen führten mich zu dem Schluß, daß der zweite Organisator der Psyche die Phase markiert, in welcher das Kind eine Entwicklung durchmacht, in deren Verlauf es u. a. nicht nur fähig wird, das Liebesobjekt von Fremden zu unterscheiden, sondern auch das Belebte vom Unbelebten. Dies weist natürlich auf eine entscheidende Entwicklung in den Denkprozessen hin. Ich glaube, wir haben hier den *Vorläufer* der Entstehung des Begriffes »lebendig«, »Leben«.

So wie die Fähigkeit, das Liebesobjekt von allen anderen Objekten der Welt zu unterscheiden, ist auch die Unterscheidung des Belebten vom Unbelebten eine Errungenschaft von höchster Bedeutung und zugleich konfliktbelastet, was sich gelegentlich als Angst manifestiert. Ich vermute, daß in diesem Konflikt der Aggressionstrieb eine bedeutsame Rolle spielt. Davon werde ich später sprechen.

Bisher haben die Angstreaktionen des Kindes gegenüber dem einen oder anderen unbelebten Objekt noch kaum die Aufmerksamkeit der Kinderpsychologen erweckt, obwohl im letzten Jahrzehnt Psychoanalytikern einzelne klinische Fälle aufgefallen sind. Ethologen haben diese Reaktionen auf das Unbelebte bei Primaten beobachtet, wo sie ziemlich auffallend sein sollen; sie sind aber auch bei einigen anderen Tierarten beobachtet worden. Ich hatte Gelegenheit, dieses Problem mit Konrad Lorenz, Eibl und deren Mitarbeitern und auch mit Donald Hebb und seinem Team zu diskutieren. Sie alle halten das Phänomen für eine Reaktion auf das Fremde, aber doch auf eine besondere Art von Fremdem.

Schon Yerkes hatte beobachtet, daß Affen, wenn Mitarbeiter des Laboratoriums einmal einen toten Affen am Käfig vorbeitrugen, in Panik ausbrachen oder wütend wurden und dann gelegentlich die Wärter angriffen. Hebb entdeckte ferner, daß das Gipsmodell eines Affenkopfes ähnliche Reaktionen hervorrief. Sie nannten diese Erscheinung »Gespensterreaktion«.

Lorenz beobachtete, daß Dohlen und auch andere Vögel Menschen angreifen, die einen toten Vogel ihrer Spezies in der Hand halten. In einer seiner charakteristisch eindrucksvollen Beobachtungen berichtet Lorenz, daß er einmal vom Schwimmen kam und seine schwarze Badehose in der Hand trug. Plötzlich stieß ein Dohlenschwarm auf ihn herab: offenbar hatten die Vögel die Badehose, die er in der Hand schwenkte, für eine tote Dohle angesehen. (Möglicherweise haben die scheinbar unmotivierten Angriffe von

Vögeln auf harmlose Spaziergänger, von denen man von Zeit zu Zeit hört, ähnliche Gründe.)

Die von Hebb und Riesen (1943) unternommenen Experimente scheinen ebenfalls etwas mit unserer Fragestellung zu tun zu haben. Hebb zeigte Affen eine Reihe von Gegenständen; am meisten Furcht erregten solche, die den Kopf eines Tieres der gleichen Art darstellten. Hebb vermerkt, daß eine unheimliche Variation des Vertrauten oder ein vertrautes Objekt in einem neuen Kontext besonders wirksam waren.

(Offenbar hat dieses Phänomen mehr als eine Seite. Die meisten Tierexperimente scheinen doch AAM zu betreffen, die auf irgendeine Weise mit dem Überleben verknüpft sind. Es sind z. B. Abwehrmaßnahmen gegen den gemeinsamen Feind, also ein Schutzverhalten der Spezies. Ferner gibt es das auffallende Phänomen der Angst vor einem abweichenden Exemplar derselben Spezies, und schließlich die Reaktion auf verstümmelte oder tote Tiere der betreffenden Spezies[2].)

Was hat all das mit unserem speziellen Problem zu tun, wie das Kind lernt, zwischen belebten und unbelebten Objekten zu unterscheiden? Offenbar spielt diese Unterscheidung auch im Verhalten der genannten Tiere eine Rolle. Bei den Tieren wird dieses Verhaltensmuster wahrscheinlich phylogenetisch weitergegeben.

Aber beim Menschen?

Als ich an diesem Punkt meiner Gedanken angekommen war, erinnerte ich mich eines anderen Experiments mit unbelebten Objekten. Ich meine Harlows weitgefaßte Erforschung dessen, was er »das Wesen der Liebe« nannte. Bei der Diskussion seiner Befunde

---

[2] Bezeichnenderweise erzeugen fremde Tiere einer anderen Spezies keine solche Furcht. Auch Tierkämpfe (außer Kämpfen um die Nahrung) sind immer ein Intraspeziesverhalten. Die Schutzmaßnahmen innerhalb der Spezies, die sich z. B. im Hinabstoßen eines Schwarms von Vögeln zeigen, sind von ähnlicher Art wie die Angriffe eines Schwarms kleinerer Vögel gegen einen größeren Feind, etwa eine Eule. Im Mittelalter, aber auch noch bis in die Neuzeit hinein, wurde diese Eigenschaft kleiner Vögel zu Jagdzwecken verwendet. Eine lebende, manchmal auch ausgestopfte Eule wurde am Tage im Freien auf einen Pfahl gesetzt, der Jäger versteckte sich und warf dann ein Netz über die kleinen Vögel, die den Lockvogel in Schwärmen angriffen.

(Spitz, 1962) hatte ich es, ohne mir dessen bewußt zu sein, schon mit wesentlichen Seiten unseres heutigen Problems zu tun gehabt. In jener Arbeit hatte ich Harlows Experiment der Aufzucht von Affen mit Ersatzmüttern aus Draht und Frotteestoff — die natürlich unbelebt waren — ausführlich erörtert; ich hatte auch die Folgen dieses Verfahrens diskutiert. Diese Folgen sind, kurz gesagt, daß die mit Surrogatmüttern aufgezogenen Affen weder spielen noch Sozialbeziehungen aufnehmen können. Sie unterliegen unkontrollierbarer Angst und Ausbrüchen heftiger Erregung, Feindseligkeit und Zerstörungswut. Wenn diese Affen erwachsen sind, nehmen sie keine Sexualbeziehungen auf und zeigen überhaupt keinerlei sexuelles Verhalten.

Einige Schlußfolgerungen, die ich aus diesen Befunden und aus meinen eigenen Beobachtungen gezogen hatte, liefern auch eine Antwort auf das jetzt vorliegende Problem.

Ich wiederhole, welche Überlegungen ich damals anstellte. Ich fragte: Welcher vorhandene oder fehlende Faktor bei den unbelebten Surrogatmüttern hat einen so destruktiven Einfluß auf die Entwicklung des Affenkindes, und ich folgerte, daß der fehlende Faktor der Ausfall der Reziprozität zwischen Surrogatmutter und Rhesusjungen sein müsse.

Heute bin ich geneigt, spezifischer zu antworten, nämlich daß der fehlende Faktor bei den unbelebten Surrogatmüttern die Fähigkeit ist, einen Dialog mit dem Kind aufzunehmen. Dieser Dialog ist natürlich nicht verbal. Es ist ein Dialog des Tuns und Reagierens, der in Form eines Kreisprozesses innerhalb der Dyade vor sich geht, als fortgesetzter, wechselseitig stimulierender Rückkopplungsstromkreis. Um den Puristen unter meinen Lesern entgegenzukommen, bin ich bereit, diese Interaktion einen *Vorläufer* des Dialogs, eine archaische Form des Gesprächs zu nennen. Denn ich gebe zu, daß es fast einer Simplifizierung gleichkäme, schon von »Aktion und Reaktion« zu sprechen. Es kommt ja noch das Emotionale hinzu. In die Aktion können und werden meist Gefühle investiert sein; das gleiche gilt aber natürlich auch für die Reaktion. Die Aktion kann mit einem Minimum von Emotion einhergehen; die Reaktion kann rein emotional sein, und umgekehrt. Die Aktion kann gerichtet oder ungerichtet sein, desgleichen die Reaktion. Darin beruht der Unterschied zwischen dem Tun als Ausdruck eines inneren Zustands und dem Tun als Appell an den Partner der Dyade — und so fort ad infinitum.

Das ist aber kein repetitiver Prozeß. Im Gegenteil, die psychischen Reaktionen, die in der Mutter durch die Initiative des Kindes und die beim Kinde durch das ausgelöste Verhalten der Mutter erzeugt werden, bewirken immer neue Konstellationen von zunehmender Komplexität. Bekanntlich sind es Konstellationen und Strukturen, die sich aus der Energieverschiebung ergeben. Jeder dieser Kreisprozesse mündet in irgendeine Befriedigung oder Versagung und hört dann auf. Es bleiben jedoch Spuren davon in der Psyche und im Gedächtnis beider Partner erhalten. Diese Spuren modifizieren dann den nächsten Kreisprozeß schon zu Beginn in der Form, dem Ablauf oder dem Ziel, das er erstrebt, so daß der Dialog dauernd an Komplexität gewinnt.

Natürlich können solche Vorgänge nur zwischen lebenden Partnern stattfinden. Daher sind sie geeignet, als Unterscheidungsmerkmal zwischen Belebtem und Unbelebtem zu dienen.

Das Unbelebte kann keinen *Dialog* mit dem Kind führen. Selbst wenn es die kunstvollste Mechanik besitzt, kann es den wechselseitigen Aktions-Reaktions-Prozeß nicht mitmachen. Denn das Unbelebte, auch wenn es gelegentlich den Bedürfnissen des Kindes dient, z. B. Nahrung, Wärme spendet oder sich für die Abfuhr von Aggression eignet, stellt sich doch als nichtreagierendes »Außen« heraus. Es hilft dem Kinde nicht, mit seinen Trieben und Bedürfnissen fertigzuwerden, und das auf einer Entwicklungsstufe, auf der das Kind noch keine Mittel besitzt, das selbst zu leisten. Die Beziehung zum Unbelebten muß natürlich einseitig bleiben — das Kind handelt, aber das Unbelebte kann nicht reagieren.

Ich halte es für höchst wahrscheinlich, daß mangelnde Rückkopplung das Hauptkriterium ist, an welchem das Kind das Belebte vom Unbelebten unterscheiden lernt. Aus der Tatsache, daß das Kind das lebende Objekt dem unbelebten vorzieht, ergibt sich, daß diese Rückkopplung ein befriedigendes Erlebnis sein muß.

Man könnte erwägen, ob diese Qualität von der Erinnerung an die Befriedigung abgeleitet ist, die das Kind in einer Vielzahl von

Situationen von der Mutter erfahren hat. Ich glaube das nicht. Die aus dem Dialog stammende Befriedigung mit belebten Objekten hat m. E. nicht eine einzige einfache Quelle, sondern ist das Ergebnis vielgestaltiger Prozesse. Ich glaube, daß Befriedigung *und* Versagung, Libido *und* Aggression beteiligt sind, um das Belebte so viel anziehender zu machen als das Unbelebte. Bekanntlich hat Harlow versucht, seine Surrogatmütter mit einer Reihe von zusätzlichen Eigenschaften auszustatten, um sie den Rhesusjungen anziehender zu machen — Wärme, Bewegung, Nahrung — jedoch ohne Erfolg. Die unbelebten Surrogate konnten mit lebenden Rhesusmüttern nicht konkurrieren.

Die einzige Funktion, zu der sich unbelebte Objekte anscheinend gut eignen, ist die Abfuhr des Aggressionstriebes. Da das unbelebte Objekt nicht reagiert, sich nicht rächt, eignet es sich dazu, geschlagen, gebissen, zerbrochen und weggeworfen zu werden, gleichgültig, wie oft und in welchem Ausmaß das Kind dies tut.

Dagegen eignet sich der lebendige Partner mehr zur Abfuhr des libidinösen Triebes. Denn er liefert die unerschöpflichen Gelegenheiten für den Dialog, und gleichzeitig bietet er dem Kind nicht nur einen seinen Fähigkeiten entsprechenden Abfuhrweg libidinöser — und auch aggressiver — Energie, sondern eröffnet ihm durch eben diesen Dialog Wege für die Erweiterung dieser Abfuhren und erlaubt ihm gleichzeitig, die Früchte der affektiven Befriedigung zu ernten.

Die unbeschränkte Abfuhr des Aggressionstriebes führt übrigens zu nichts; die wiederholte Zerstörung des unbelebten Objekts bleibt sich immer gleich, ist buchstäblich eine Sackgasse. Beim lebenden Partner dagegen ist die Rückkopplung bilateral und für jeden der beiden Partner verschieden. Sie findet in einem progressiven Kontinuum statt; immer neue, immer andere Antworten entstehen innerhalb des Dialogs, auf immer höherem Niveau, mit immer stärker verfeinerten Befriedigungen.

An der starren Reaktionslosigkeit erkennt also das Kind die nichtbelebten Objekte. Wenn das Kind dieses Kriterium anzulegen gelernt hat, kann es in manchen Fällen zu Angstreaktionen auf dieses oder jenes unbelebte Objekt kommen. Unsere Beobachtungen zeigen, daß vor der Phase, in welcher das lebende vom unbelebten

Objekt unterschieden wird, Erlebnisse des Umgangs mit unbelebten Dingen einerseits und Objektbeziehungen mit der Mutter andererseits liegen. Das erklärt noch nicht, warum manche Kinder — keineswegs alle — sich irgendein scheinbar willkürlich herausgegriffenes unbelebtes Ding zum Furchtobjekt wählen. Wie schon erwähnt, war in der Lebensgeschichte dieser Kinder keine zureichende Erklärung für diese Wahl oder für die Angst als solche zu entdecken.

An dieser Stelle nun kann der Tierpsychologe mit seiner Erklärung der angsterzeugenden Wirkung des Vertrauten in unvertrautem Zusammenhang etwas Licht auf unser Problem werfen. Betrachten wir die Angstreaktion des Kindes auf das Unbelebte, so finden wir, daß der gemeinsame Nenner im Moment des Fremdseins, des Unvertrauten, des unbelebten Dinges selbst oder des Zusammenhangs, in dem es auftaucht, liegt. Demnach kann eine Puppe, die ein menschliches Gesicht, dies wichtigste Unterscheidungsmerkmal des Liebesobjekts, besitzt, für ein Kind von acht Monaten bedrohlich und angsterregend werden, wenn die Puppe sehr klein und noch dazu unbelebt ist. Der rollende Ball — er dürfte sich als unbelebtes Objekt doch eigentlich nicht bewegen! —, die rasselnde Trommel, der Brummkreisel — sie alle können fremd, unheimlich, potentiell gefährlich werden.

Die wirklich bedrohlichen Dinge sind solche, die dem belebten Vertrauten am ähnlichsten sind. Das hat auch Hebb festgestellt. Seiner Meinung nach »sind viele Ängste von einem gewissen Grad intellektueller Entwicklung abhängig ... der weite Bereich solcher Ängste ist charakteristisch für die höheren Spezies: den Menschen und den Schimpansen« (McBride und Hebb, 1948).

Beim Kind setzt die Unterscheidung des Belebten vom Unbelebten gegen Ende des ersten Lebensjahres ein; das ist in guter Übereinstimmung mit Hebbs Annahme, daß die Ängste von einem gewissen Grad intellektueller Entwicklung abhängig sind. Es handelt sich um die Entwicklungsstufe des zweiten Organisators der Psyche, auf der so viele andere Zeichen auffallenden psychischen Fortschritts sichtbar werden. Ferner beginnt in diesem Alter die aufrechte Fortbewegung; die Fähigkeit, Belebtes von Unbelebtem zu unterscheiden, gewinnt somit für das Überleben an Bedeutung.

Sowohl das Fremdeln als auch die Angst mancher Kinder vor bestimmten unbelebten Objekten tritt meist auf dieser Altersstufe auf. Es war mir jedoch nicht möglich, zwischen diesen beiden Erscheinungen eine Verbindung aufzuzeigen. Ich habe an anderer Stelle (1950) die Behauptung ausgesprochen, daß das Fremdeln das Gegenstück zu der engen Mutterbeziehung des Kindes ist. Diese Erklärung scheint jedoch für die Furcht vor dem Unbelebten nicht zuzutreffen. Könnte es sein, daß die Angst vor dem Unbelebten im Zusammenhang mit der unbeschränkten Abfuhr schierer Aggression gegen unbelebte Objekte steht?

Ich habe beobachtet, daß diese Angst vorwiegend unter folgenden Umständen auftritt:

1. Wenn das unbelebte Objekt wie ein menschliches Wesen aussieht, aber nicht die richtige Größe hat; 2. wenn das Unbelebte sich bewegt; 3. wenn das Unbelebte Laute von sich gibt.

Die beiden letzteren Bedingungen deuten an, daß das Unbelebte die Verpflichtung hat, unbelebt zu *bleiben* und sich nicht zu bewegen oder Laute von sich zu geben, denn wenn es das tut, was ist es dann? Kann man dann noch seine Aggressionen an ihm auslassen? Wird es sich nicht rächen? Hat es einen eigenen Willen? Wird es die Initiative ergreifen? Diese animistische Denkweise ist auf einigen meiner Filme über Puppen-Angst ganz deutlich zu erkennen. Auf dem einen blickt das 11 Monate, 26 Tage alte Mädchen eine Puppe von der Größe eines Babys forschend an, neigt den Kopf, als ob sie die Puppe aus einem anderen Blickwinkel betrachten wollte, sieht sie dann wieder von vorn an und mustert sie. Sie kann zu keiner Entscheidung kommen. Nach einigen Sekunden rückt sie näher an die Puppe heran, streckt den Kopf vor und berührt sie mit ihrem Gesicht. Dann richtet sie sich wieder auf und beobachtet die bewegungslose Puppe unentwegt. Einige Augenblicke später beginnt sie, Unlust zu zeigen, wird unruhig und beginnt zu weinen (Film WF Nr. 207).

Dieses Verhalten erweckt den Eindruck, als ob das Kind die Puppe auf irgendeine Eigenschaft hin prüfte und sie nicht vorfand: Die Puppe verhielt sich nicht so, wie das Kind zu erwarten schien. Es kommt zu dem Schluß, daß es die Puppe nicht leiden kann, nichts mit ihr zu tun haben mag, Angst vor ihr hat.

Auf einem anderen Film wird das Experiment mit einer sehr kleinen, etwa 3 cm großen Puppe fortgesetzt, die man dem Kind in den Schoß legt. Das Kind zeigt sich entsetzt, gerät in schreiende Panik, versucht, sich zurückzuziehen und zugleich die kleine Puppe wegzustoßen, als wenn sie irgend etwas Ekelhaftes wäre, das auf ihr kröche (Film WF Nr. 202). Man ist an Yerkes' und Hebbs Affen erinnert, die erst panische Angst zeigten und dann zum Angriff übergingen. Man könnte darüber spekulieren, ob das Wegstoßen in unserem Experiment eine feindselige Folge der Panik des Kindes ist.

Worin unterscheidet sich die Aggressionsabfuhr gegen das Unbelebte von einer gegen den lebenden Partner? Schließlich ist es nicht etwa so, daß in den Beziehungen des Kindes zur Mutter, zum Liebesobjekt, keine Aggression abgeführt würde. Aber die Mutter erlaubt keine unbegrenzte Aggressionsabfuhr, sie hält darauf, daß sie innerhalb erträglicher Grenzen bleibt. Warum zieht das Kind trotzdem die restriktive lebendige Mutter dem nichtrestriktiven unbelebten Ding vor?

Mir scheint, daß die Mutter das Kind für ihre Restriktionen auf zweierlei Weise entschädigt: Erstens natürlich durch die Befriedigung des libidinösen Triebs des Kindes in der Zeit, die ihrem restriktiven Handeln unmittelbar voraufgeht oder folgt. Zweitens führt die Restriktion das Kind dazu, selbst eine Vielfalt von Praktiken zu erfinden, die es ihm ermöglichen, sein Aggressionsniveau zu senken. Unbewältigbare Quantitäten schierer Aggression rufen Angst hervor, weil sie die kindliche Ich-Integration zu sprengen drohen. Darum wird durch Senkung des Aggressionspotentials, durch Zähmung der Aggression, indem Anteile davon in ichgerechte Leistungen übergeführt werden, zugleich die bedrohliche Angst vermindert.

Nach dem Lust-Unlust-Prinzip sollte die Erlangung des primären Triebziels die vollkommenste Befriedigung liefern. Das ist ein rein theoretisches Postulat. In den ersten Monaten nach der Geburt wird das Diktat des Lust-Unlust-Prinzips immer stärker durch Eingreifen des Realitätsprinzips und Vorläufer einer Ich-Funktion, d. h. durch den Beginn der Körper-Ich-Bildung eingeschränkt. Ohnehin ist eine Anzahl von Triebbefriedigungen an sich weder realitätsangepaßt noch ich-gerecht. Ferner ist das Ich, solange es noch ungenügend gefestigt ist, äußerst anfällig für Einflüsse, die zu einem Durchbrechen der Reizschranke und zum Zerfall des noch schwachen Ich-Zusammenhalts führen könnten. Diese Ich-Schwäche setzt das Kind unbewältigbaren Ängsten aus. Das gilt für das erste Lebensjahr und oft noch weit darüber hinaus.

Das könnte der Grund sein, warum am Ende des ersten Lebensjahres das Kind das restriktive lebende Objekt, das ihm hilft, seine Ich-Integrität aufrechtzuerhalten, seine Triebe zu beherrschen, allem anderen vorzieht. Andererseits können wir uns vorstellen, daß an einer bestimmten Stelle der Entwicklung, auf einer spezifischen Altersstufe, das mit der Erinnerung an destruktive und letzten Endes frustrierende Triebabfuhr belastete unbelebte Objekt Angst erwecken kann; besonders wenn es unvertraut erscheint und Gefahren darstellt.

Aber das unbelebte Objekt kann noch mehr Angst erwecken, wenn es Attribute des lebenden hat: körperliche Ähnlichkeit, Bewegung, sprachähnliche Laute, wenn, mit anderen Worten, das unbelebte Objekt uneingeschränkte Feindseligkeit hervorruft, durch seine Ähnlichkeit mit lebenden Objekten das Kind jedoch daran erinnert, daß seine Aggressionsabfuhr verboten ist.

Das sind nun Spekulationen, die nicht zu verifizieren sind. Wie aber sollen wir unseren Film Nr. 206 deuten, auf welchem eine Puppe von der Größe eines Babys einem von zwei identischen fast einjährigen weiblichen Zwillingen (0.11 + 26) gezeigt wird? Das Kind vollführt eine wahre Pantomime, es scheint die Puppe mit der Zwillingsschwester zu vergleichen. Es sieht die Puppe forschend an, macht eine Bewegung auf sie zu, und als die Puppe nicht reagiert, wandert ihr Blick zwischen der Puppe und der Schwester hin und her. Schließlich berührt sie erst die Puppe, dann die Schulter der Zwillingsschwester mit den Lippen, dann auch das Gesicht der Puppe wie zu einem Kuß. Im nächsten Augenblick wendet sie sich ab und versucht ein paarmal, in das Geländer ihres Gitterbetts zu beißen. Ich überlasse es dem Leser, seine eigenen Schlußfolgerungen zu ziehen.

Was geschieht, wenn die Fähigkeit zur Unterscheidung zwischen

Lebendigem und Unbelebtem nicht zustande kommt? Oder wenn diese Fähigkeit nicht in zureichendem Maß erworben wird und die Grenzen zwischen Belebtem und Unbelebtem unsicher, unzuverlässig und verschiebbar bleiben? Man weiß ja, daß diese Ungewißheit über die Grenzen von jeher die Grundlage für Gespenster und unheimliche Geschichten, für Mythen und Legenden einschließlich des Ödipusmythos gebildet hat. Es kann kein Zufall sein, daß wir uns in unserem sogenannten »Zeitalter der Vernunft« so viel Mühe gegeben haben zu beweisen, daß das Übernatürliche, die Gespenstergeschichten unwahr, Lügen sind, daß es sie nicht gibt und nicht geben darf. Bedeutet dieser Eifer, daß wir im Dunkeln pfeifen wie der Wanderer im nächtlichen Wald? Beim Erwachsenen wissen wir recht genau, unter welchen Bedingungen die Grenzen zwischen dem Belebten und dem Unbelebten unsicher werden. Dann unterliegen diese Grenzen den Launen und plötzlichen Verlagerungen in der affektiven Ökonomie des Individuums; dann müssen wir erhebliche psychiatrische Störungen erwarten.

Beim Kind ist das Nichterlernen der Unterscheidung zwischen Belebtem und Unbelebtem einer der Faktoren, der zwangsläufig zur Fehlbeurteilung der Wirklichkeit mit entsprechend mangelhafter entwicklungsmäßiger Anpassung führt. Das Kind greift zu Abwehrmaßnahmen gegen nicht vorhandene Gefahren. Die üblichen Ich-Abwehren, die sich normalerweise in Reaktion auf die »durchschnittlich zu erwartenden Umweltbedingungen« (Hartmann, 1939) bilden, werden entweder gar nicht entwickelt oder gegen die falschen äußeren oder inneren Ziele gewendet. Es werden von der Umwelt übermäßige Schutzvorkehrungen gegen eingebildete Gegner und Gefahren (die in Wirklichkeit die Forderungen der Triebe an das Ich des Kindes darstellen) gefordert. Die normalerweise vorhandenen Vorräte an libidinöser wie aggressiver konstruktiver Energie werden nutzlos für Abwehrzwecke vergeudet. Das heranwachsende Kind ist dann emotionell verarmt und unfähig, mit den Anforderungen des normalen Lebens und der Sozialbeziehungen fertigzuwerden. Das deutlichste Beispiel eines solchen Prozesses bietet die Affektarmut des Zwangskranken.

Es ist nicht notwendig, hier die Folgen solcher Prozesse, wie Angstbereitschaft, Schlaflosigkeit, Schlafstörungen, dereistisches Denken, magische Rituale, Verleugnung, Rückzug zu schildern. Wenn diese Notmaßnahmen dem Kinde nicht zu Gebote stehen, wird es zur irrationalen, aggressiven, destruktiven Wut der frühen Säuglingszeit Zuflucht nehmen.
Von der Schwere der Folgen, die eintreten, sofern die Fähigkeit zur Unterscheidung zwischen Lebendem und Unbelebtem nicht erreicht wird, können wir darauf schließen, daß hier eine der wichtigsten Ich-Funktionen mit hohem Anpassungswert vorliegt.
Diese Erwägungen haben uns über den engeren Rahmen unserer Aufgabe hinausgeführt. Wir hatten uns gefragt, auf welche Weise das Kleinkind zwischen Belebtem und Unbelebtem zu unterscheiden lernt. Es geschieht nicht auf dem Wege der Angst. Es ist wohl klargeworden, daß das wesentliche Problem nicht in der Angst vor dem Unbelebten besteht; diese ist nur ein Indikator für das Mißlingen des normalen Entwicklungsprozesses und daher wohl eher die Ausnahme als die Regel. Es handelt sich vielmehr um den Entwicklungsvorgang, durch den der Unterschied zwischen Lebendem und Unbelebtem erkannt wird, um die Methode, mittels welcher dies geschieht. Dieser Entwicklungsvorgang ist nur ein Spezialfall der sich stufenweise durchsetzenden Realitätsprüfung, angewendet auf einen besonderen Aspekt der Realität.
Der Weg zu diesem Verständnis ist im *Dialog* enthalten; aber das ist natürlich nicht die einzige Funktion des Dialogs. Wie ich angedeutet habe, soll das Konzept des Dialogs, wie ich es verstehe, eine präzisere Erfassung des uns vertrauten Begriffs der Objektbeziehungen erlauben. Bezeichnungen wie »Objektbeziehungen« haben die Tendenz, mit der Zeit an Prägnanz zu verlieren. Sie müssen neu formuliert und von verschiedenen Seiten beleuchtet werden, um wieder Leben zu gewinnen. Meine Darlegungen sind ein solcher Versuch.

Denn wenn man von *Objektbeziehungen* spricht, bewegt man sich im Bereich abstrakter Terminologie. Um sichtbar zu machen, was man mit solchen abstrakten Begriffen meint, muß man sich die Definitionen zurückrufen. Dann erkennt man, daß der Begriff *Objektbeziehungen* mehr umfaßt, als wir auf einmal mit unserer

Vorstellungskraft mühelos verarbeiten können. Er muß in handliche Teile zerlegt werden. Das war es auch, was eine hervorragende Kollegin meinte, als sie vor über dreißig Jahren in einer Diskussion bemerkte, daß unsere Arbeit zum großen Teil darin bestehe, die Zwischenräume zwischen den Zeilen, die Freud schrieb, auszufüllen.

Auf einem dieser Sektoren möchte ich versuchen, Bezeichnungen zu verwenden, die keine Definition verlangen, weil sie unserer Alltagssprache entnommen sind. Eine solche ist der *Dialog*. Wenn wir von »Objektbeziehung« sprechen, sind wir nicht gezwungen, uns einen zwischen dem Kind und einem lebenden Partner vor sich gehenden Prozeß vorzustellen. Wenn wir aber vom »Dialog« sprechen, denken wir unweigerlich an ein sinnvolles Gespräch zwischen zwei wirklichen Personen, an dem man selbst teilnehmen oder dem man zuhören kann, also an etwas, mit dem man aus dem Alltagsleben vertraut ist.

Gespräche mit dem Unbelebten gehören nicht zum Reich der Wirklichkeit, denn ein solcher Partner lebt nur in der Phantasie. Ferner muß dem Gespräch mit einem imaginären Partner doch das Gespräch mit einem wirklichen, lebendigen Partner, ein Dialog oder, um genauer zu sein, die Vorläufer eines Dialogs mit einem lebendigen Partner vorausgegangen sein: nihil est in intellectu quod non prius fuit in sensibus. Der Dialog zwischen dem Kind und seinem lebendigen Partner muß nicht nur jeglicher sinnhaltiger Beziehung mit dem Belebten, sondern auch allen phantasierten Gesprächen mit dem Unbelebten vorhergehen.

Der Teil der frühen Objektbeziehungen, den ich Dialog genannt habe und den man als Vorläufer des Gesprächs betrachten könnte, enthält bereits Elemente aller späteren Dialoge: Aussage und Erwiderung, Erörterung, Streitgespräch, Zustimmung, Synthese. Die Synthese, die im Laufe der Dialog-Vorläufer eingegangenen Kompromisse, sind für die Ich-Bildung von größter Bedeutung; sie bedeuten die Aufspaltung der Triebe in Teile, mit denen man fertig werden kann, was u. a. zur Neutralisierung führt. Daher ist der Dialog der Beitrag der Umwelt zur Entstehung, Entwicklung und schließlich Festigung von Ich, Selbst, Charakter und Persönlichkeit. Kann man mehr verlangen?

Ich betrachte also den Dialog als die Quelle, den Beginn der artspezifischen Anpassung. Das bedeutet beim Menschen u. a. die Zähmung der Triebe und die Entwicklung von Ich-Abwehrmechanismen. Ohne den Dialog — jenen Dialog, durch welchen das Kind das Belebte vom Unbelebten unterscheiden lernt — kann wohl die Reifung, nicht aber die Entwicklung voranschreiten.
Beim Affen führt dies, wie Harlow gezeigt hat, zur Verarmung der Persönlichkeit des Individuums und schließlich, durch Aufhören der Sexualbetätigung, zur Vernichtung der Art.
Der Mensch, dem man als Säugling den Dialog vorenthält, wird zu einer leeren Hülle, geistig tot, ein Anwärter auf Anstaltsbetreuung. Leben im menschlichen Sinne kann nicht asozial, es muß sozial sein. Leben in unserem Sinne wird durch den Dialog geschaffen.
Erlauben Sie mir, mit einigen persönlichen Worten zu schließen. Als ich vor einem Jahr erfuhr, daß Sie diese Ehrung für mich vorbereiteten, dachte ich zunächst an ein anderes Thema für meinen Vortrag. Ich hatte Ihnen von meinem Weg zur Psychoanalyse und davon erzählen wollen, wie meine psychoanalytische Arbeit sich im Laufe der seither verflossenen 53 Jahre entwickelte. Aber das wäre nicht nur ein Bericht über mich selbst gewesen, er hätte auch den Menschen umfaßt, dessen Verlust es mir unmöglich macht, diesen Bericht zu geben. Darum wählte ich ein neues, eigenständiges, wissenschaftliches Thema.
Aber im Laufe meines Vortrags merkte ich, daß es doch kein Zufall ist, daß ich dieses neue Thema wählte, daß auch diese Wahl einen Sinn hatte. Als Psychoanalytiker kann ich diese Wahl meines Unbewußten verstehen. Es ist kein Wunder für mich, zu erkennen, daß das Thema, das ich an Stelle unserer Lebensgeschichte gewählt habe, die Unterscheidung zwischen dem Belebten und dem Unbelebten ist.

# 2

## Ein Nachtrag zum Problem des Autoerotismus

### Frühe sexuelle Verhaltensweisen und ihre Bedeutung für die Persönlichkeitsbildung[1]

In der Literatur wurden bisher nur wenige direkte Beobachtungen des manifesten Sexualverhaltens in der frühen Kindheit mitgeteilt. Das hat zwei Gründe, einen psychoanalytischen und einen experimental-psychologischen.

1. *Der psychoanalytische Grund:* Die Aufmerksamkeit des Psychoanalytikers richtet sich gemeinhin nicht auf den onanistischen Akt selbst, sondern vielmehr auf die Probleme, die durch die Masturbation in der psychischen Ökonomie des Patienten entstehen, wie Schuldgefühle, Angst, Konflikte (sowohl intrapsychische als auch Konflikte mit der Umgebung) und die Vielfalt der Symptome. In der frühen Kindheit bestehen diese Probleme nicht. In diesem Alter liegt die psychische Struktur noch nicht vor, die diese Probleme aufkommen läßt; die Psyche ist noch nicht in Über-Ich, Ich und Es aufgespalten. Dementsprechend entstehen noch keine intrapsychischen Konflikte und ebensowenig Schuldgefühle, Angst oder Abwehrmaßnahmen.

2. *Der experimental-psychologische Grund:* In experimental-psychologischen Veröffentlichungen wurde wenig über infantile Masturbation berichtet; denn der Experimentalpsychologe pflegt das Verhalten in strukturierten, zusammenhängenden Einheiten zu beobachten, die ein Verhaltensmuster bilden.

Im ersten Lebensjahr meistern Kinder selten jenes Maß gerichteten willensbestimmten Verhaltens, das zur systematischen Durchführung des masturbatorischen Aktes erforderlich ist. In diesem Lebensabschnitt kann man lediglich ein mehr oder weniger zufälliges Spiel mit verschiedenen Teilen des Körpers, zu denen auch das Genitale gehört, beobachten. Es handelt sich um eine unspezi-

---

[1] Vorgetragen auf dem Panel über Masturbation auf dem jährlichen Treffen der amerikanischen Psychoanalytischen Vereinigung in Chicago, Illinois, Mai 1961. Englische Fassung unter dem Titel: »Autoerotism Re-examined. The Role of Early Sexual Behavior Patterns in Personality Formation« in: The Psychoanalytic Study of the Child, 17 (1962).

fische Aktivität; deshalb bezeichne ich dieses Verhalten als »Spiel mit dem Genitale« (*genital play*) und nicht als Masturbation (Spitz und Wolf, 1949). Ich untersuchte dieses Verhalten bei insgesamt 248 Kindern[2], die ich während ihres ersten Lebensjahres beobachtete. Wir setzten die Beobachtung bei einem Teil von ihnen während des zweiten und dritten Lebensjahres fort. Von diesen Kindern waren 170 zusammen mit ihren Müttern in der Kinderpflege-Abteilung einer Strafanstalt untergebracht, 61 wurden in einem Findelhaus beobachtet und 17 in ihrer elterlichen Familie.

Im Verlauf unserer Untersuchung machten wir eine überraschende Beobachtung: Im ersten Lebensjahr besteht eine positive Entsprechung zwischen dem Spiel mit dem Genitale und dem Entwicklungsquotienten eines Kindes einerseits, zwischen dem Spiel mit dem Genitale und der Güte der bestehenden Mutter-Kind-Beziehung andererseits. Das letztere war zu erwarten; denn wir fanden in einigen unserer Untersuchungen, daß der Entwicklungsquotient in entscheidender Weise von der Art der Mutter-Kind-Beziehung beeinflußt wird und von ihr abhängig ist. Das Spiel mit dem Genitale wird jedoch in keinem der mir bekannten Kindertests als Kriterium verwendet, um den Entwicklungsquotienten zu bestimmen. Daß das Auftreten des Spiels mit dem Genitale und die Höhe des Entwicklungsquotienten einander entsprechen, wurde daher unerwarteterweise gefunden.

---

[2] Es handelte sich um 3 Beobachtungsgruppen. Die Umwelt, in der die Kinder lebten und beobachtet wurden, war von Gruppe zu Gruppe verschieden. Bei zwei Gruppen handelte es sich um Anstaltskinder. In den Anstalten beobachteten wir alle Kinder ohne Auslese. Nur die Kinder mit einem angeborenen Defekt oder einer angeborenen Erkrankung schlossen wir von der Untersuchung aus. Kurz gesagt: Die Kinder unserer Untersuchung entsprechen der durchschnittlichen Zusammensetzung einer Mütterberatungsstelle.

Da deutliche Hinweise darauf bestanden, wie entscheidend wichtig die Mutter-Kind-Beziehung für die autoerotischen Betätigungen ist, verglichen wir die drei oben erwähnten Gruppen — die Kinder der Kinder-Pflegeabteilung einer Strafanstalt, die Kinder des Findelhauses und die Kinder, die in ihren Familien aufgezogen wurden — unter diesem Gesichtspunkt. Wir benutzten die Mutter-Kind-Beziehung als unabhängige, die autoerotischen Betätigungen der Kinder als die abhängige Variable.

Wir fanden:

1. Dort, wo die Beziehung zwischen Mutter und Kind optimal war, übertraf die Entwicklung im ersten Lebensjahr den Durchschnitt in jeder Hinsicht. Alle diese Kinder spielten mit ihrem Genitale.
2. Bestanden problematische Beziehungen zwischen Mutter und Kind, spielten die Kinder viel seltener mit ihrem Genitale. Es bestand die Tendenz, das Spiel mit dem Genitale durch andere autoerotische Tätigkeiten zu ersetzen. Die Entwicklung verlief durchschnittlich befriedigend, war aber ziemlich unberechenbar.
3. Dort, wo eine Mutter-Kind-Beziehung fehlte, sank die Entwicklung unter den Durchschnitt. Keines der Kinder spielte mit seinem Genitale.

[3] In einer vor 15 Jahren veröffentlichten Arbeit deutete der verstorbene Ernst Simmel (1948) einige der Vorstellungen an, die ich in dieser Arbeit entwickeln werde. Er schrieb: »Die Masturbation kann auf der Stufe, auf der das Kind seine Objektbeziehungen ausbildet, als eine erste soziale Handlung angesehen werden. Das Kind entzieht sich nämlich durch diese Betätigung dem versagenden Objekt, welches seine Liebe zurückweist und seine aggressiven, destruktiven Reaktionen stimuliert. Es findet am eigenen Körper eine Ersatzbefriedigung für das narzißtische Trauma. Es ersetzt das Objekt, indem es das eigene Genitale zum Objekt wählt. So findet es einen Weg, an sich selbst objektgerichtete erotische und aggressive Strebungen zu entladen. Es hat damit der direkten Triebbefriedigung durch ein reales Objekt entsagt, aber es erhält in der Vorstellung mit den Onaniephantasien eine Beziehung zu ihm aufrecht. Indem es onaniert, beginnt das Kind seine Triebkonflikte in sich selbst zu lösen, ohne das Objekt zu beunruhigen. Es wird jedoch wieder sekundär in einen Konflikt mit den Eltern gestürzt, wenn diese gegen seine Masturbation einschreiten; denn in der Masturbation versucht das Kind seine Triebspannung auf eine lustvolle Weise zu lösen.«

Diese Beobachtungen bestätigen, daß die autoerotischen Betätigungen im ersten Lebensjahr von den vorherrschenden Objektbeziehungen abhängen und mit ihnen variieren. Einen solchen Befund hatte niemand erwartet. Es hat mich einigermaßen überrascht, daß im Laufe der zwölf vergangenen Jahre niemals gefragt wurde, ob diese Beobachtung auch stimmt. Die einzige Aussage, die zu diesem Gegenstand gemacht wurde und die mir zu Gesicht kam, war Jeanne Lampl-de Groots (1950) Kritik. Sie meinte, daß das Wiedergegebene nicht die ganze Geschichte sein könne. Ich stimme dem zu; in den einleitenden Bemerkungen zu der zitierten Arbeit hatten wir sogar betont, daß unsere Studie mehr eine Beschreibung als eine Klassifizierung sei; daß es der Versuch einer Illustration sei; daß wir unsere Deutungen versuchsweise gäben und daß die Regelhaftigkeiten, die wir gefunden hatten, von uns als Annäherungen aufgefaßt wurden, sozusagen als eine Orientierung auf der Karte der Ontogenese der Sexualität und ihrer Phänomenologie.

Dieser Überzeugung bin ich auch heute noch. Ich glaube, daß Längsschnittuntersuchungen künftigen Beobachtern die Möglichkeit geben werden, die Formen, die der kindliche Autoerotismus von seinen ersten Anfängen an annimmt, nicht nur mit der Mutter-Kind-Beziehung in Zusammenhang zu bringen, sondern auch mit den Verhaltensweisen, die sich späterhin entwickeln, im besonderen mit dem Abwehrverhalten des Ichs, das das betreffende Kind ausbildet.

Hinweise auf die weitere Entwicklung geben die katamnestischen Untersuchungen, die ich bei 61 Kindern im Findelhaus vornahm. Diese Kinder wurden bis zum Ende des zweiten Lebensjahres täglich vier bis sechs Stunden aufmerksam beobachtet (Spitz, 1945). In den darauffolgenden zwei Jahren besuchten wir sie alle sechs Monate, um Aufzeichnungen über ihre weitere Entwicklung zu machen. Darüber werde ich später berichten. Wie bei allen Längsschnittuntersuchungen reduzierte sich im Laufe der Nachuntersuchung die Ausgangszahl erheblich. Aber 21 Kinder, ein Drittel der ursprünglichen Population, konnten etwas länger als zwei Jahre beobachtet werden. Die älteren Kinder waren inzwischen vier Jahre alt geworden. Bedauerlicherweise konnten wir das Leben der Kinder nicht weiter verfolgen. Wir haben keine Angaben über ihre Entwicklung in der Latenz und in der Pubertät. Indessen erbrachten unsere katamnestischen Untersuchungen über die Entwicklung der autoerotischen Betätigungen der Kinder in den ersten vier Lebensjahren manche Aufschlüsse. Ich habe diese Beobachtungen aus Gründen, die ich später erörtern werde, in meinem ersten Bericht (Spitz, 1946 a) nicht veröffentlicht. Neuere Versuche mit Affenkindern haben zu Ergebnissen geführt, die in augenfälliger Weise diesen unveröffentlichten Befunden parallel gehen.

Es ist jedoch nicht zulässig, Schlüsse, die aus Tierexperimenten gezogen werden, direkt auf die Psychologie des Menschen anzuwenden. Man sollte vorsichtig sein und muß es vermeiden, die psychischen Vorgänge einer Spezies (z. B. des Menschen) mit Einsichten zu erklären, die in Experimenten mit einer anderen Spezies gewonnen wurden. Besondere Vorsicht ist geboten, wenn die Experimente mit einer Spezies vorgenommen wurden, deren Organisation weniger komplex als die des Menschen ist. Wenn nun über einige Tierexperimente berichtet wird, geschieht das nicht, um die Schlußfolgerungen zu *rechtfertigen*, die ich aus meinen eigenen Befunden beim Menschen gezogen habe. Das Folgende soll eher ein Prinzip illustrieren, das ich immer vertreten habe, nämlich, daß die Konvergenz von Befunden in zwei oder mehreren verschiedenen Forschungsrichtungen die Schlüsse bekräftigen und validieren, die unabhängig voneinander gezogen wurden.

In der vorliegenden Untersuchung beziehe ich mich auf Experimente, die Harry Harlow (1959, 1960 a, b, c, d, e) mit Rhesusaffen durchführte. Seine Befunde stimmen auffällig mit bereits veröffentlichten eigene Beobachtungen an Kindern, denen die emotionalen Beziehungen entzogen waren, überein[4].

Die Konvergenz der Befunde hebt erneut die Problematik, die mit

---

[4] Im Folgenden werde ich einige Daten der Forschungsarbeit, der Beobachtungen und der Experimente Dr. Harry Harlows anführen, die er an Rhesusaffen vorgenommen hat, welche im Labor aufgezogen wurden. Ich möchte Herrn. Dr. Harlow für seine große Freundlichkeit danken, mir nicht nur die bereits veröffentlichten Arbeiten, sondern auch einige hektographierte Berichte mit neueren Befunden zu überlassen.

der Masturbation verknüpft ist, hervor und betont die Bedeutung, die die Masturbation für die menschliche Entwicklung hat. Diese Konvergenz der Befunde zweier unabhängiger Forschungsbereiche erlaubt uns, aus ihnen weitergehende Schlüsse zu ziehen. Sie können zur Aufklärung der Probleme der Masturbation und ihrer Bedeutung für die menschliche Entwicklung beitragen.

## Das Sexualverhalten von Rhesusaffen, die an Mutterattrappen aufgezogen wurden

Vor sechs Jahren begann Harlow eine gründliche Untersuchung der Faktoren, welche die Mutter-Kind-Beziehung oder, um seine Ausdrucksweise zu gebrauchen, die »Liebe« entscheidend anregen und aufrechterhalten. Er beobachtete insgesamt über 100 Rhesusaffenkinder, die von Geburt an an einer Mutterattrappe, oder richtiger gesagt an zweien, »aufgezogen« wurden. Eine der Attrappen bestand aus einem nackten Drahtgestell, der Gestalt eines Affen ähnlich. Aus diesem Gestell ragten die Sauger einer Flasche hervor, die die Nahrung enthielt. Die andere Attrappe war gleich gestaltet, hatte aber keine Flasche, sondern war ganz mit Frotteetuch überzogen. Durch diese einfache, aber sinnreiche Anordnung gelang es Harlow, das Nahrungsbedürfnis der kleinen Rhesusaffen von ihrem Bedürfnis sich anzuklammern (Hermann, 1936) zu trennen. Er konnte die Äußerungen eines jeden der beiden Bedürfnisse unabhängig vom anderen beobachten.
Es zeigte sich, daß die Rhesuskinder zwar ihre Nahrung von der Drahtattrappe nahmen, sie hielten sich aber nicht bei ihr auf. Sie gingen zur Frotteeattrappe, sobald sie sich gesättigt hatten, und klammerten sich an diese an. Sie verbrachten 17 Stunden des Tages auf der Tuchattrappe, die keine Nahrung bot, und nur ein bis zwei Stunden auf dem Drahtmodell, das die Nahrung spendete.
Fernerhin suchten sie jedesmal bei der Frotteeattrappe und nicht bei der Nahrung spendenden Drahtattrappe Sicherheit, wenn sie einem Reiz ausgesetzt wurden, der ihnen Furcht einjagte. Aus diesem Verhalten wurden ausgedehnte Schlüsse über das Wesen der Oralität, jener Empfindung von Geborgenheit und Wohlbehagen

gezogen, die der Säugling aus dem Körperkontakt mit der Mutter zieht, die für ihn von primärer Wichtigkeit ist und für die Bowlby (1958) den Ausdruck »contact comfort« prägte. Dieser Punkt hat jedoch für die vorliegende Erörterung keine Bedeutung.

Folgende Beobachtung hingegen verdient unsere besondere Aufmerksamkeit: Obwohl Rhesusaffen mit drei Jahren sexuell reif sind, hatte sich im Laufe von sechs Jahren nicht einer der an Attrappen aufgezogenen Affen mit einem anderen gepaart. Es kam zu keiner Begattung, obwohl sexuell reife Rhesusweibchen des Experimentes mit folgenden Partnern zusammengebracht wurden:

1. »sexuell besonders erfahrene, freundliche und geduldige Zuchtmännchen«, die von lebenden Rhesusmüttern normal aufgezogen worden waren.
2. Männchen, die an Attrappen unter der gleichen experimentellen Anordnung aufgezogen wurden wie die Weibchen, aber getrennt von diesen;
3. Männchen, die zusammen mit Weibchen an Mutterattrappen aufgezogen wurden.

Harlows hektographierten Berichten ist zu entnehmen, daß die an den Attrappen aufgezogenen Weibchen über die Annäherungsversuche der Zuchtmännchen glattweg bestürzt waren. Sie wußten nicht, wie sie reagieren sollten. Manchmal wurden sie feindlich und bissen die Männchen. Von den Männchen hinwiederum, sowohl von denen, die an Attrappen allein, als auch von denen, die zusammen mit Weibchen an Attrappen aufgezogen wurden, vollzog keines eine Begattung, wenn sie mit brünstigen Weibchen zusammengebracht wurden.

Kürzlich hörte ich, daß schließlich Harlows Bemühungen doch belohnt wurden[5]: Eines der fünf- bis sechsjährigen, an Attrappen aufgezogenen Weibchen wurde mit Erfolg mit einem Männchen gepaart. Außerdem wurden zwei der jüngeren Weibchen erfolgreich begattet, ich glaube, nach mehrmonatiger »Affen-Gruppenpsychotherapie«, wie Harlow es nennt.

Natürlich ist es von größter Bedeutung zu verfolgen, wie die an

[5] Persönliche Mitteilung.

der Attrappe aufgezogenen Mütter *ihre* Nachkommen aufziehen. Harlows weitere Beobachtungen werden zeigen, wieviel im mütterlichen Verhaltensrepertoire des Rhesusaffen durch Erbanlage oder durch hormonale Vorgänge festgelegt ist und wie groß der Anteil ist, der aufgrund von Objektbeziehungen erworben wird — mit anderen Worten, in welchem Ausmaß das Verhalten durch Erfahrung erworben wurde (Benjamin, 1961).
Darüber hinaus wird sich das Interesse auf das Sexualverhalten dieser zweiten Rhesusaffengeneration nach erreichter Reife richten. Man möchte gerne wissen, ob der biblische Spruch — den wir auf dem Gebiet der erblich übertragenen Geschlechtskrankheiten anwenden —: »Die Väter haben Herlinge gegessen, und der Kinder Zähne sind stumpf geworden«, auch im Bereich der Psyche anwendbar ist.

## Der fehlende Faktor

Es ist mir eine Genugtuung, daß meine Befunde so offensichtlich mit Harlows Experimenten übereinstimmen. Wie den an Attrappen aufgezogenen Rhesusäffchen, so fehlte auch den Säuglingen im Findelhaus fast jede mütterliche Zuwendung. Es fehlten ihnen normale Objektbeziehungen. Bei diesen Kindern gab es kein Spiel mit dem Genitale, auch keine anderen autoerotischen Betätigungen. Hingegen wurde ein Spiel mit dem Genitale regelmäßig bei Säuglingen mit guten Mutter-Kind-Beziehungen gefunden. Es waren die Kinder, die in ihren Familien beobachtet wurden. Demgemäß stellte ich seinerzeit die Hypothese auf (Spitz und Wolf, 1949), daß es von der Art der Mutter-Kind-Beziehung abhängt, ob die Kinder im ersten Lebensjahr mit dem Genitale spielen oder nicht.
Als ich diese Befunde veröffentlichte, unterließ ich es absichtlich, über die weitere Entwicklung des Sexualtriebes und über die zu beobachtenden Verhaltensweisen bei affektiv isolierten Kindern zu spekulieren. Auch formulierte ich zu der Frage, ob das Fehlen von sexuellen oder autoerotischen Verhaltensweisen in der Kindheit die Ausbildung der Abwehrmechanismen beeinflussen kann,

keine Hypothese. Dennoch wußte ich natürlich um den mächtigen Einfluß, den das Sexualverhalten besonders in der Kindheit auf die normale Entwicklung der psychischen Struktur ausübt.

Experimenten mit Kindern ist eine enge Grenze, die Schädlichkeitsgrenze, gesetzt. Es war mir natürlich nicht möglich, Bedingungen einzuführen, die den experimentellen Nachweis für das erbringen konnten, was ich vermutete. Auch konnte ich meine Probanden nicht bis zum Zeitpunkt der sexuellen Reife verfolgen, obschon ich sie bis zu ihrem vierten Jahr beobachtete und einige meiner angenommenen Vermutungen bestätigt fand. Ich hätte gerne erfahren, wie das Fehlen autoerotischer Betätigungen im Säuglingsalter und in der frühen Kindheit die psychische Ökonomie und Dynamik auf einer späteren Stufe beeinflußt und ob ihr Fehlen die Ausdifferenzierung der psychischen Struktur beeinträchtigt. Dank Harlows Versuchen kann ich aus meiner Reserve heraustreten.

Harlow konnte mit Hilfe seiner sinnreichen experimentellen Anordnung Versuche am Tier durchführen, die meine Annahmen über die menschliche Entwicklung stützen. Er konnte das Leben seiner Versuchstiere bis zur sexuellen Reife und darüber hinaus verfolgen. Dementsprechend bestätigen seine Befunde, daß der Verlust der affektiven Beziehung zur Mutter sehr einschneidende Folgen für die Nachkommen der Rhesusaffen hat.

Meine eigenen Beobachtungen sowohl als auch Harlows neuere Untersuchungen über die Sexualität von Affen, die an Attrappen aufgezogen wurden, zeigen, daß sich in der normalen Objektbeziehung zwischen Mutter und Kind etwas abspielt, was es ermöglicht, daß der libidinöse Trieb in der Form des Sexualverhaltens in Funktion tritt. Kinder, die in Familien aufwachsen und über gute Objektbeziehungen verfügen, spielen gegen Ende des ersten Lebensjahres mit ihrem Genitale. Die Kinder im Findelhaus, denen Objektbeziehungen fehlen, spielen nicht einmal in ihrem vierten Lebensjahr mit dem Genitale.

Es bestätigte sich an Harlows Affen, bei denen die Längsschnittuntersuchung bis zur Reife der Tiere fortgesetzt wurde, daß die Sexualfunktion bleibend und unwiderruflich geschädigt war. Die Objektbeziehungen, nicht die Gonaden waren zerstört. Oder, um es in der Sprache der Sozialpsychologen auszudrücken, die Beziehungen zum »Anderen« und zum »Generalisierten Anderen« (G. H. Mead, 1934) waren zerstört.

Wesentlich ist, daß die an Attrappen aufgezogenen Rhesusbabys bleibend geschädigt sind; denn sie wurden nie sexuell aktiv, auch nicht in den drei Jahren, nachdem sie die Reife erlangt hatten. Dieser Befund wirft ein neues Licht auf Beobachtungen, die wir bei der Nachuntersuchung der Kinder im Findelhaus machten. Während unserer halbjährlichen Besuche bemerkten wir bei diesen 21 Kindern keinerlei autoerotische Betätigung. Das Pflegepersonal bestätigte unsere Beobachtung. Die spärlichen Daten schienen uns damals nicht zwingend. Wir nahmen sie deshalb nicht in unsere Arbeit auf. Aber heute, da sie von Harlows Befunden gestützt werden, bekommen unsere Beobachtungen eine neue Bedeutung.

Man wird darüber spekulieren dürfen, wie sich die Objektbeziehungen und die Sexualität dieser von uns beobachteten Kinder, die ohne emotionale Beziehungen aufwuchsen, im Stadium der sexuellen Reife ausgestalten. Sollten sich die Befunde, die Harlow bei den an Attrappen aufgezogenen Rhesusbabys und ich bei affektiv isolierten Kindern erheben konnten, nicht nur während der Kindheit im Findelhaus entsprechen, sondern sollten sie auch im Vorschulalter, der Latenz und der Pubertät übereinstimmen, so verfügten wir damit über eine Beobachtung, die unter verschiedenen Gesichtspunkten von großer Bedeutung wäre.

Harlow macht in seinen bisherigen Berichten keine Angaben darüber, ob die Rhesusaffen — seien es die wilden, die im Labor gezüchteten oder die an Attrappen aufgezogenen — masturbieren. Sowohl Ford und Beach (1951) als auch Yerkes und Eider (1936) geben an, daß wilde Rhesusaffen und andere Affenmännchen häufig bis zur Ejakulation onanieren. Allerdings halten die Autoren nicht fest, in welchem Alter der Tiere diese Betätigung zum erstenmal beobachtet werden kann[6].

[6] Es scheint, daß Weibchen im Gegensatz zu den Männchen sehr selten onanieren. Dieser Befund stimmt mit unserer Beobachtung menschlicher Kinder und ihres Spiels mit dem Genitale während des ersten Lebensjahres nicht überein. Wir halten jedoch unsere Befunde in dieser Beziehung wegen der relativ kleinen

Die Tatsache, daß Harlow die Masturbation bei den an Attrappen aufgezogenen Rhesusaffen nicht erwähnt, berechtigt zu der Annahme, daß sie nicht besonders auffällig vorhanden war. Wir können uns fragen, von welcher Art die Störung bei diesen Tieren sein kann. In der Tat erinnert ihr Verhalten an psychiatrische Krankheitsbilder des Menschen, wie Kontaktstörungen, die Unfähigkeit, angemessene Empfindungen zu äußern, Angst bei der Konfrontation mit spezifischen (sexuellen) Gefühlsregungen, heterotope[7] sexuelle Versuche und die Beantwortung sexueller Annäherung mit Angst, feindlicher Aggression und Zerstörung.

Das ist jedoch nicht die Problemstellung, die Harlow untersucht. Die Frage, auf die er eine Antwort finden möchte, lautet: Hat die Mutter dem Kind außer Nahrung und körperlichem Wohlbehagen noch etwas anderes zu bieten? Fehlt etwas bei der Mutterattrappe und wenn ja, was fehlt bei ihr?

Die beste Antwort, die ich auf diese Fragen geben kann (und es ist möglich, daß mir Harlow nicht zustimmt), lautet: daß Nahrung und das Verlangen nach Wohlbehagen Bedürfnisse sind, die befriedigt werden *müssen*. Sie bieten jedoch nur die unmittelbarste, unumgänglich notwendige Voraussetzung für das nackte Überleben. Soll aber Überleben mehr als nur das Unmittelbarste umfassen, mehr auch als das Leben des einzelnen, und soll es das Überleben der Art mit einschließen, dann gibt es eine unerläßliche Be-

---

Zahl der Kinder, bei denen wir ein Spiel mit dem Genitale beobachteten (insgesamt bei 38 Fällen), nicht für schlüssig. Auch wenn beim Menschen dieser Unterschied zwischen den Geschlechtern in gleicher Weise bestände, wäre er für den Gegenstand unserer derzeitigen Untersuchung nicht relevant. Dennoch hat er, wie Ford und Beach (1951) bemerken, für die Entwicklung eine beachtliche Bedeutung. Sollte er sich beim Menschen bestätigen, wäre er auch für die psychoanalytische Theorie von großer Bedeutung, besonders im Hinblick auf die Polarität von männlich-weiblich, aktiv-passiv.

[7] Die Begriffe *heterotop* und *orthotop* führte Sandor Radó ein (Vortrag vor der Berliner Psychoanalytischen Gesellschaft 1930). Radó bezeichnet eine sexuelle Betätigung als »orthotop«, wenn sie zwischen männlichen und weiblichen Sexualorganen in einer Weise stattfindet, die geeignet ist, eine Schwängerung herbeizuführen. Er nannte eine sexuelle Betätigung »heterotop«, wenn nicht die Genitalien, sondern andere Organe eines der beiden Partner mit im Spiele sind.

dingung, die in hohem Grade bei der wirklichen Mutter vorhanden ist und die der Attrappe fehlt: die Wechselseitigkeit (*reciprocity*), der gegenseitige Austausch affektiv getönter Handlungen zwischen Mutter und Kind[8].

Jede Beobachtung des Zusammenspiels, das zwischen einer Mutter und ihrem Säugling abläuft, macht dies augenscheinlich. Ich besitze die Filmaufnahme einer Mutter, die ihrem sieben Monate alten Säugling den Sauger der Milchflasche in den Mund schiebt. Er antwortet, indem er ihr seine Finger in den Mund steckt; sie bewegt daraufhin ihre Lippen auf seinen Fingern, während er seine Finger zu drehen beginnt. Das erwidert sie mit einem Lächeln. Die ganze Zeit über starrt der Säugling mit wacher Aufmerksamkeit auf ihr Gesicht. Solche kleinen Szenen kann man in unendlichen Variationen bei jedem Mutter-Kind-Paar beobachten. Sie sind Musterbeispiele für das, was eine Mutterattrappe nicht zu bieten hat.

Harlow führte den Faktor der Wechselseitigkeit in einem Experiment ein, in welchem zwei gleichalte Affenbabys miteinander in einem Käfig an ein und derselben Tuchmutter aufgezogen wurden. Das Ergebnis war, daß sich die beiden Affen die ganze Zeit über fest aneinander klammerten und nicht in der Lage waren, mit gleich alten oder älteren Affen irgendeine Beziehung auszubilden oder irgendein Spiel zu beginnen. Harlow nannte sie die »Immer-zusammen«-Affen (the »together-together« monkeys). Woran fehlte es hier? An Wechselseitigkeit sicher nicht — eher war sie zu ausschließlich vorhanden.

## Aspekte der anaklitischen und diatrophischen Beziehungen

Dieses »zu ausschließlich« liefert die Lösung unseres Problems. Der Unterschied in der Beziehung zweier gleichaltriger Affen einerseits und der Beziehung eines Babys zur Mutter andererseits

[8] Wechselseitigkeit ist ein Hauptbestandteil aller Objektbeziehungen. Einige ihrer Aspekte werden in verschiedenen meiner künftigen Arbeiten diskutiert werden.

liegt darin, daß zwei gleichaltrige Affen völlig gleichartige Bedürfnisse haben und daß sie sich diese gegenseitig vollkommen befriedigen. Auf diese Weise stellen sie ein geschlossenes System dar. Sie bilden eine gleichseitige Gleichung, in der die eine Seite der anderen völlig die Waage hält. Das führt zum Stillstand, zur völligen Lähmung.

Die Beziehung, die eine Mutter zu ihrem Kind hat, gleicht dem überhaupt nicht: Die zwei Seiten der Gleichung — die Bedürfnisse des Kindes einerseits, die Bedürfnisse der Mutter andererseits — sind völlig verschieden, obschon sie sich in gewisser Hinsicht gegenseitig ergänzen. In meinem eigenen Begriffssystem ausgedrückt, d. h. in Begriffen von Objektbeziehungen, lautet das: Vom dynamischen Gesichtspunkt aus ist das Verhalten des Säuglings anaklitisch zu nennen. Die Antwort der Mutter besteht — wie ich es genannt habe — in einer diatrophischen[9] Haltung (Spitz, 1956). Da der Säugling noch völlig hilflos ist, umfaßt die anaklitische Beziehung alle Möglichkeiten des Umganges, die der Säugling mit seiner Umgebung haben kann. Anfänglich ist die anaklitische Beziehung ein nach außen gerichteter Abkömmling der narzißtischen Besetzung des eigenen Körpers. Teile der primär narzißtischen Besetzung, die mit der Befriedigung kindlicher Bedürfnisse gekoppelt sind, werden durch die Vermittlung der oralen Zone ausschließlich auf die Mutter gelenkt. Unter Verwendung anderer Begriffe gebe ich damit eine Neuformulierung des Satzes, daß der Säugling in den ersten Lebensmonaten die Mutter und im besonderen ihre Brust als einen Teil seiner selbst erlebt.

Die diatrophische Haltung und Beziehung ist anders ausgerichtet. Einer Mutter ist zwar die Beziehung zu ihrem Säugling die wichtigste von allen, aber sie steht von mehreren gleichrangigen nur an erster Stelle (*primus inter pares*). Die Beziehung, die die Mutter zu ihrem Ehemann, zu ihren anderen Kindern hat, ihre übrigen Pflichten und Verpflichtungen fordern ihren Anteil; das ist der Lauf der Welt. Die Beziehung zum Säugling steht selbstverständlich an erster Stelle, aber sie muß teilen. Da die Mutter nun einmal ein verantwortungsbewußter erwachsener Mensch ist, hat sie ihre

[9] diatrophisch = aufrechterhaltend, unterstützend.

Gedanken, ihre Aufmerksamkeit und Zeit auch auf eine Fülle anderer Tätigkeiten zu richten.
Das wirkt sich nicht zum Nachteil des Kindes aus, denn die diatrophische Haltung ist eine bedürfnisbefriedigende, und sie tritt nur in Funktion, um die anaklitischen Bedürfnisse des Kindes zu befriedigen, wenngleich sie ständig verfügbar ist. In den ersten Lebenswochen entstehen die anaklitischen Bedürfnisse periodisch in einem circadischen Rhythmus[10]. Sie sind mit den weit auseinanderliegenden, relativ kurzen Wachperioden gekoppelt. Die ersten Lebenswochen kann man in der Tat als einen Wechsel von Seinsweisen in einem circadischen Rhythmus ansehen — relativ narzißtische Perioden des Schlafes wechseln sich mit relativ klar umgrenzten anaklitischen Wachperioden ab. Die Mutter braucht daher die diatrophische Haltung nur von Zeit zu Zeit einzunehmen. Das Geschehen kann mit dem Vorgang einer kreisförmigen Rückkoppelung verglichen werden.
Beim Rhesusbaby liegen ganz andere Verhältnisse vor. Das menschliche Neugeborene erhebt täglich nur während weniger Stunden anaklitische Forderungen. Harlows an Attrappen aufgezogene Rhesusaffen hingegen klammern sich (infolge ihrer unvergleichlich viel längeren Wachzeiten) täglich siebzehn bis neunzehn Stunden anaklitisch an die Mutterattrappe an. Sie geben das Anklammern lediglich für ein bis zwei Stunden auf, um am Futterplatz zu saugen — es verbleiben nur wenige Tagesstunden, während derer sie sich nicht anaklitisch verhalten.
Dementsprechend haben zwei gleichaltrige Rhesusbabys, die miteinander aufgezogen werden, das gleiche Bedürfnis, nämlich, sich an ein warmes, pelziges Wesen anzuklammern. Deshalb hängen sie Tag und Nacht aneinander. Das anaklitische Bedürfnis des einen befriedigt das anaklitische Verlangen des anderen und umgekehrt.
Eine lebende Rhesusaffenmutter hat im Gegensatz zur Mutter-

[10] Circadisch ist von *circa diem* abgeleitet. Es ist am besten mit der Redeweise »around the clock« (Tag und Nacht, über 24 Stunden) zu übersetzen und von »diurnal« (tagsüber) zu unterscheiden. »Diurnal« besagt, daß etwas jeden Tag (zur Tageszeit und nicht während der Nacht) geschieht.

attrappe noch viele andere Bedürfnisse außer dem einen, die diatrophische Haltung einzunehmen. Sie erstrecken sich von der Nahrungssuche bis zum Spielen, von der Pflege des Babys bis zur Pflege anderer Affen. Sie schließen all die anderen Beschäftigungen, sozialen Verpflichtungen und was sonst noch immer einen erwachsenen Rhesusaffen in Anspruch nimmt, ein. Deshalb bietet sie ihrem Baby neben der Nahrung und der Möglichkeit, sich anzuklammern, eine Fülle von Tätigkeiten, die sich über einen weiten Bereich von der Annäherung bis zum Rückzug, vom Umarmen bis zum Zurückweisen, von der Erfüllung bis zur Versagung erstrecken. Der Rhesusbabypartner hat nichts dergleichen zu bieten, denn er hat haargenau dieselben Bedürfnisse wie sein gleichaltriger Gefährte. Zum allergrößten Teil bestehen diese im Anklammern. Die Rhesusmutter hingegen regt durch ihre Tätigkeiten und Unternehmungen fortgesetzt Anpassungsleistungen ihres Kindes an ständig wechselnde Situationen an.

Sie geht darüber hinaus auf die Unternehmungen ihres Babys mit einer Skala verschiedenartigster Reaktionen ein, die ihrerseits wieder eine Vielzahl geeigneter Gegenreaktionen erfordern. Die Rhesusmutter frustriert ihr Baby durch Tätigkeiten, die sich auf andere Dinge richten, teils auch das Baby selbst betreffen. Nicht selten straft sie es mit Knuffen, Kratzen und sogar mit Beißen.

Zahllose und unendlich verschiedene zirkuläre soziale Wechselbeziehungen entwickeln sich im normalen Ablauf dieser Mutter-Kind-Beziehung. Eine jede verlangt von dem Baby eine andere Anpassungsleistung. Auf diese Anpassung antwortet die Rhesusmutter ihrerseits in einer neuen und für das Baby unvermuteten Weise. Jede ihrer Reaktionen stößt das Baby in der Entwicklung seiner sich entfaltenden Persönlichkeit ein Stück voran — jede Reaktion bringt es seiner Autonomie näher und veranlaßt es, nicht nur mit dem »Anderen«, sondern ebenso mit dem »Generalisierten Anderen« Kontakt zu suchen.

An welcher Stelle dieser Entwicklung der Sexualtrieb erstmals in Funktion gesetzt wird, können wir nur vermuten. Es ist nötig, in zahlreichen weiteren Beobachtungen und Experimenten spezifische Einzeldaten zu sammeln. Aber wir dürfen annehmen, daß das Lecken bei den Wirbeltieren, die Hautpflege, das »Lausen« bei

den Affen, das Streicheln, Liebkosen, Tätscheln, Necken, Baden und Waschen beim menschlichen Kind sehr wohl *etwas* damit zu tun haben.
Ich neige jedoch *nicht* zu der Annahme, daß z. B. Baden oder Waschen für das menschliche Kind als eine isolierte Folge von Handlung und Gegenhandlung wirksam werden. Sie gewinnen nur als eine Handlungsfolge Bedeutung, die in die ganze Vielfalt der Verhaltensweisen einer individuellen Mutter-Kind-Beziehung eingebettet ist. Ein instruktives Beispiel für die weitreichenden Verbindungen einer solchen Handlungsfolge ist uns von den niederen Säugetieren her bekannt. Rattenbabys sterben, wenn die Mutter nicht nach der Geburt während mehrerer Tage ihre Genitalien beleckt. Unterbleibt dies, so können die neugeborenen Ratten nicht urinieren. Wie wenig wissen wir bisher von der gegenseitigen Abhängigkeit der verschiedenen Systeme, der somatischen und der anderen!
Kehren wir zu Harlows Affen zurück. Ich unterstelle, daß die an Attrappen aufgezogenen Rhesusbabys auf einem Entwicklungsstadium stehen bleiben, das wir beim Menschen das Stadium des primären Narzißmus nennen; sie umarmen den eigenen Körper, sie umklammern ihre Tuchmütter. Wenn sie älter werden, tragen sie ständig die Tuchmutter mit sich umher, was sie daran hindert, soziale Beziehungen zu anderen Affen anzubahnen.
Es sei uns erlaubt, Mahlers treffendes Konzept der symbiotisch-parasitären Beziehung (1952) umzukehren und zu sagen, daß diese Rhesusbabys die Tuchmutter zu einem symbiotischen Wirt gemacht haben. Diese Beziehung erinnert stark an die von Winnicott (1953) beschriebene Beziehung zum Übergangsobjekt (*transitional object*); aber in Wirklichkeit entspricht es ihm gar nicht. Denn das Übergangsobjekt dient als Mittler, als eine Brücke zu den Objektbeziehungen, was darauf beruht, daß das Übergangsobjekt nur als zeitweiliger Ersatz gebraucht wird, wenn das wirkliche Objekt nicht zu erreichen ist. Bei der symbiotischen Tuchmutter liegen die Dinge ganz anders; sie ist zum alleinigen Objekt geworden, sie verdrängt und ersetzt das libidinöse Objekt völlig — und versperrt dadurch den Weg zu allen anderen Objektbeziehungen. Dasselbe trifft auf die »Immer-zusammen«-Affen zu. Jeder Part-

ner hindert den anderen daran, wirkliche Objektbeziehungen einzugehen. Das ist das Ergebnis der anaklitischen Befriedigung, die die Immer-zusammen-Beziehung bietet. Wenn wirkliche Objektbeziehungen eingegangen werden sollen, müssen anaklitische Beziehungen narzißtischer Art aufgegeben werden. Aber gerade narzißtische Beziehungen dieser Art gehen Affen, die an ein und derselben Mutterattrappe aufgezogen werden, mit einem gleichaltrigen Partner ein, und sie verbleiben in ihnen. Es gibt keine Versagung und damit weder Anreiz noch Anstoß, andere Beziehungen einzugehen.

Die an Attrappen aufgezogenen erwachsenen Affen, die ihre Tuchmütter mit sich umhertragen, sollten uns zum Nachdenken über die Bedeutung des Übergangsobjektes anregen, jener wohlbekannten »Schutz«-Tiere, Schlafdecken, Kissen der Menschenkinder. Als Beispiel diene der bekannte Comic-Strip »Peanuts«. Linus, ein kleiner Junge, wird in diesem Comic-Strip dadurch charakterisiert, daß man ihn immer und überall eine Decke mit sich schleifen und sie in den Mund nehmen läßt. Ob das auch Kinder tun, die in einer weniger hoch entwickelten Kultur aufwachsen? Klein-Linus soll angeblich komisch sein; er ist aber in Wirklichkeit eine Anklage gegen unsere Art, Kinder großzuziehen. Für unsere Kinder ist die Drahtmutter in Form des Flaschenhalters praktisch schon zur Wirklichkeit geworden. Im Laufe der Jahrhunderte haben wir nach und nach durch die Kleidung, das Kinderbett, die Kampagne gegen das Stillen jeden Körperkontakt zwischen Mutter und Kind eingeschränkt. Unsere jüngste Erwerbung im Bestreben, jegliche Beziehung zwischen Mutter und Kind zu verleugnen, besteht darin, die Neugeborenen in den Hospitälern in Ablageräumen zu deponieren, anstatt sie möglichst nahe an Mutters Bett zu stellen oder, horribile dictu, sie gar in Mutters Bett zu legen. Das scheint mir ein außerordentlicher Erfolg in der Bemühung zu sein, die Verbindung zwischen Geschlecht und Überleben zu lösen. Wir sind Aldous Huxleys »Schöner Neuer Welt« ein erhebliches Stück nähergekommen.

Harlows Experimentalbefunde bestätigen, was ich ein Vierteljahrhundert lang immer wieder betont habe: Die große Bedeutung, die das Stillen für die Ausbildung von Objektbeziehungen hat, liegt nicht darin, daß Hunger und Durst gestillt werden. Auch daß das Stillen die Urhöhle, die orale Zone, stimuliert, macht nur einen Teil seines Wertes aus. Nach meiner Meinung ist das Stillen deshalb für die Errichtung der Objektbeziehungen so besonders wichtig, weil es eine sehr enge und vielfältige Berührung mit dem Körper der Mutter mit sich bringt. Man muß schon die ganze perverse Findigkeit des menschlichen Tieres aufbieten, um diese Notwendigkeit zu umgehen. Sprechende Beispiele liefern die Balinesen (Mead und Macgregor, 1951), die ihre Kinder nähren, indem sie sie auf dem Unterarm reiten lassen; oder die Albaner, die ihre Säuglinge zum Stillen auf ein Holzbrett binden, sich über sie beugen und ihnen die Brustwarze in den Mund hängen lassen (Danziger und Frankl, 1934). Die mannigfaltigen Reize, die das Bruststillen bietet, werden nicht isoliert wahrgenommen. Ich betrachte die sehr verschiedenen, jedoch gleichzeitig einwirkenden sensorischen Wahrnehmungen während der Brustfütterung als Teile einer Gesamterfahrung (Spitz, 1955 a), von der einzelne Anteile während der Entwicklung abgetrennt werden können oder auch nicht.

Das Stillen stellt eine Zeitlang die Einheit von Mutter und Kind wieder her, die durch den jähen Vorgang der Geburt und durch das plötzliche Durchschneiden des Nabelstranges aufgehoben wurde. Es ermöglicht die phylogenetisch erworbene, langsame und zunehmende Entwicklung einer Autonomie von der Mutter, indem es einen beträchtlichen Austausch an Betätigungen und Gefühlen zwischen dem Körper des Babys und demjenigen der Mutter erfordert und erleichtert.

Ich habe bereits darauf hingewiesen, daß Harlows an Attrappen aufgezogene erwachsene Affen das Bild einer schweren Störung auf dem sozialen und auf dem sexuellen Sektor bieten. Jeder Versuch, den Grad der Störung beim Affen abzuschätzen, hat seine Grenzen, weil man sich auf die Verhaltensbeobachtung des Tieres beschränken muß. Das gibt einen nur sehr groben Maßstab für Abweichungen von der Norm und kann lediglich die auffallenderen Störungen anzeigen. Beim Menschen verschaffen uns Sprache und Introspektion differenziertere, zahlreichere und empfindlichere Untersuchungsmöglichkeiten.

Beim Affenbaby fehlt uns außerdem ein so vollständiges Inventar der durchschnittlichen Entwicklung des Verhaltens, wie wir es vom Menschenkind besitzen. Fernerhin gehen dem Verhaltensrepertoire des Affen wegen seines niedrigeren Entwicklungsstandes eine Anzahl hochkomplexer, spezifisch menschlicher Errungenschaften ab. Diese besonderen Erwerbungen sind nicht nur von großer diagnostischer Verläßlichkeit, sie bieten auch einen hochempfindlichen Maßstab für die Entwicklung und für den psychischen Prozeß.

Ein menschliches Kind, das z. B. im zweiten oder dritten Lebensjahr noch nicht sprechen gelernt hat, erweckt unsere Sorge. Es muß als tiefgestört angesehen werden, wenn es — sofern kein organischer Defekt vorliegt — in den folgenden Jahren nicht sprechen lernt. So sind die Aneignung, der Stand, die Fertigkeit, die Form und der Inhalt der sprachlichen Kommunikation klar sichtbare, äußerst empfindliche und instruktive Anzeichen für die normale psychische Entwicklung des Kindes bzw. für jede Abweichung von der normalen Entwicklung. Bei den Affen verfügen wir über kein vergleichbares diagnostisches Kriterium.

Umgekehrt bleiben Verhaltenszüge, die das menschliche Kind normalerweise auf einer bestimmten Entwicklungsstufe aufgibt, ein wesentlicher Bestandteil des normalen Verhaltens des erwachsenen Affen. Wir wären sehr besorgt, wenn das menschliche Kind sein Beißverhalten, das bis zu einem Alter von zwölf Monaten normal ist, bis ins vierte oder fünfte Jahr beibehielte. Und wir wären gleichfalls beunruhigt, wenn es sich in diesem Alter wieder auf allen vieren fortbewegte. Behielte es ein solch archaisches Verhalten bei, so sähe man darin mit vollem Recht das Symptom einer schweren psychiatrischen Störung, wobei es in diesem Falle nicht von Bedeutung ist, zwischen angeboren oder erworben zu unterscheiden. Beide Verhaltensweisen gehören hingegen beim erwachsenen Affen zum normalen Verhaltensrepertoire.

Wenn wir den Entwicklungsstand der Affen feststellen wollen, sind wir mithin auf wenige grobe Verhaltensweisen beschränkt, zu denen auch das manifeste Sexualverhalten gehört.

Die Tatsache, daß die sexuelle Entwicklung nur einen sehr groben Maßstab abgibt, tut dem Wert, den sie für unsere Orientierung hat, keinen Abbruch. Beim Menschen lassen sich Störungen der Objektbeziehungen und der Entwicklung gewöhnlich viel früher feststellen als solche der manifesten Sexualität. Ist diese ebenfalls gestört, so zeigt das mit Deutlichkeit an, daß andere Sektoren gleichfalls geschädigt sind. Ich habe bei meinen Kinderbeobachtungen bemerkt, daß abweichendes Sexualverhalten in hohem Grade mit schwer gestörten oder völlig fehlenden Objektbeziehungen korreliert war.

Ich behaupte in der Tat, daß die autoerotische Betätigung (als Spiel mit dem Genitale oder als Fehlen dieses Spieles) in den ersten achtzehn Lebensmonaten einen zuverlässigen Indikator für die Zulänglichkeit oder Unzulänglichkeit der Objektbeziehungen darstellt, ebenso wie es beim Erwachsenen die altersentsprechende (oder fehlende) sexuelle Aktivität zu sein pflegt.

Die sexuellen Betätigungen sind offensichtlich auf den einzelnen Entwicklungsstufen verschieden. Wir verfügen aber noch nicht über genügend objektive Daten, um eine systematische Darstellung dieses Gebietes zu geben. Dennoch können wir auf diesem Verhaltenssektor der Persönlichkeit etwas in der Art der Entwicklungslinien erkennen, wie sie Anna Freud beschrieben hat. Wir können die Spur der sich entfaltenden genitalen Verhaltensweisen nachzeichnen. Diese Spur sollte nicht mit den aufeinanderfolgenden Stufen der Libido verwechselt werden. Die Stufen der Libido, die Art, in der sie erreicht und gemeistert werden, üben einen entscheidenden Einfluß auf die Form aus, die das genitale Verhalten in einem bestimmten Alter annimmt. Die folgenden Bemerkungen beziehen sich deshalb nur auf das genitale Verhalten, wie es normalerweise von der Geburt bis zur Reife zu erwarten ist.

## Das kindliche Spiel mit dem Genitale und die Entwicklung

Man kann damit rechnen, daß das Spiel mit dem Genitale etwa am Ende des ersten Lebensjahres auftritt. Im Kleinkind- und Vorschulalter pflegt es in Masturbation überzugehen. Detailuntersuchungen über die Art und die Häufigkeit des Vorkommens wurden bisher nicht vorgenommen.

Ich bin mit dem Verhalten der Kinder in der Latenzzeit nicht genug vertraut, um über das, was in diesem Lebensabschnitt zu erwarten ist, etwas aussagen zu können. Ich glaube, daß in dieser Altersperiode die Formen und die Verhaltensweisen genitaler Betätigungen erheblich variieren; denn sie sind nunmehr in einem viel höheren Grade kulturell geprägt als in den vorhergehenden Phasen. In der Pubertät ist die Masturbation als normale sexuelle Betätigung zu erwarten. In der späten Adoleszenz ist der Übergang zum Geschlechtsverkehr als normal anzusehen.

Tatsächlich mußten wir Analytiker feststellen, daß eine besondere Pathologie bei den Patienten vorliegt, die uns versichern, sie hätten die Masturbation erst nach ihrem zwanzigsten Lebensjahr entdeckt. Ich hatte Gelegenheit, verschiedene derartige Fälle zu untersuchen. Sie waren, alles in allem, sehr schwer gestört. Bis jetzt sehe ich mich nicht in der Lage, die besondere Art ihrer Pathologie oder ihrer Abwehrstrukturen, die für diese Retardierung in der Entwicklung verantwortlich sind, zu charakterisieren. Ich brauche wohl kaum zu betonen, daß ich natürlich nicht von Patienten spreche, bei denen eine Amnesie die Erinnerung an die Masturbation ausgelöscht hat.

Ich weiß, ich werde viele Einwände mit meiner Feststellung heraufbeschwören, daß zu den Voraussetzungen, die die Onanie erst ermöglichen, zufriedenstellende Objektbeziehungen gehören. Man sollte sich vor Augen halten, daß normale Objektbeziehungen den Trieb nicht *erschaffen*. Sie leiten ihn in seine Verhaltensfunktionen, die mit den Möglichkeiten anfangen, die der eigene Körper bereitstellt, bis hin zum Körper des »Anderen«. Auch in diesem Falle bestimmen kulturelle Faktoren wieder stärker, in welchem Maß der Sexualtrieb am eigenen Körper oder am Körper des »Anderen« befriedigt werden kann.

Man muß hinzufügen, daß eine Vielzahl anderer Lösungen notwendig wird, wenn Objektbeziehungen nicht den Trieb in seine natürlichen Entwicklungsfunktionen lenken oder wenn diese Bahnen verlegt sind. Die elementarste und die am wenigsten wünschenswerte Lösung stellt die Regression auf archaische Verhaltensweisen der analen, oralen oder gar der primär narzißtischen Stufe dar. Wir kennen diese Regression beim neurotischen, besonders beim psychotischen Patienten. In den extremeren Fällen führt sie beim erwachsenen Psychotiker zu infantilem Schaukeln und Daumenlutschen.

Es stehen wünschenswertere, dem Spiel mit dem Genitale oder der Masturbation vergleichbare Lösungen zur Verfügung. Sie können darin bestehen, daß spezifische Abwehrmaßnahmen wie Reaktionsbildungen, Sublimierung usw. ausgebildet werden. In diesem Prozeß werden kulturelle Faktoren wirksam und bedeutungsvoll.

Bisher wurde anscheinend kein systematischer Versuch unternommen, die Beziehung zwischen der altersentsprechenden Form genitaler Betätigung und den aufeinanderfolgenden Entwicklungsstufen zu untersuchen. Es ist wahr, daß sich hin und wieder einzelne Psychoanalytiker dieser Frage in einer etwas ungezielten Art näherten. Ebensowenig wurden Untersuchungen über die Frage veröffentlicht, welchen Einfluß eine frühzeitige sexuelle Befriedigung auf die Fähigkeit zur Sublimierung und auf den Grad der kulturellen Leistungen hat. Einige von uns haben in der Tat den Eindruck, daß in Kulturen, die bereits in der Latenz und der Vorpubertät eine uneingeschränkte Befriedigung des Sexualtriebes gestatten, die Stufe der Persönlichkeitsentwicklung im allgemeinen niedriger und die Tätigkeit höherer intellektueller Funktionen geschädigt ist.

Das überrascht nicht: Ich habe es immer vertreten — und Harlow scheint gerade dies gezeigt zu haben —, daß die Versagung der Triebbefriedigung eine unentbehrliche Vorbedingung für den Entwicklungsprozeß ist. Natürlich denke ich nicht an völlige Versagung, sondern an ein Optimum an Frustration, den guten Mittelweg sozusagen. »Optimal« bezieht sich auf das Alter, in dem die Versagung gesetzt wird, die Dauer der Versagung und ihre Form.

Das Problem der Triebversagung bringt uns auf die entscheidende Bedeutung zurück, die der Sexualtrieb für die Ausbildung sozialer Beziehungen hat.

Wir haben an Harlows Affen gesehen, daß die Art der Objektbeziehungen über die späteren sozialen Beziehungen entscheidet. Eine normale Mutter-Kind-Beziehung ermöglicht es dem Affenbaby, normale Beziehungen zu anderen Affen seiner Art zu entwickeln, d. h. die Fähigkeit und den Wunsch auszubilden, in ständig wechselnden Rollen in ein ganzes Spektrum sozialer Beziehungen einzutreten. Die Aufzucht an einer Mutterattrappe nimmt dem Rhesusbaby jene Wechselbeziehungen, die es ihm ermöglichen, diese Fähigkeiten zu erwerben. Die Aufzucht mit einem gleichaltrigen Affenbaby an einer Mutterattrappe führt dazu, daß sich beide Babys aneinander anklammern. Es bildet sich ein unauflösliches, geschlossenes System, welches jede Beziehung zu anderen Individuen der eigenen Art ausschließt.

Harlows Experimente zeigen, daß ein Tuch-Ersatz nicht genügt. Soll das Rhesusbaby die normale Rhesusreife erlangen, ist ein lebendiges Wesen, eine richtige Rhesusmutter nötig. Ihr Zusammenspiel mit dem Baby öffnet das Tor zur Individuation, zu sozialen und sexuellen Beziehungen.

Die Befunde, die bei den Affen erhoben wurden, entsprechen weitgehend jenen bei Kindern registrierten, denen jegliche Objektbeziehung fehlte. Es ist deshalb berechtigt, im Auftreten oder im Fehlen altersentsprechender genitaler Verhaltensweisen, und unter ihnen in der Masturbation, einen Indikator für die Art der Objektbeziehungen zu sehen, die ihnen vorausgingen. Ihre Bedeutung beschränkt sich jedoch nicht darauf, ein Indikator für das zu sein, was vorherging. Weit wichtiger ist, daß das genitale Verhalten und die Masturbation einen Einfluß auf die künftige Persönlichkeit haben; denn wenn sie vorhanden sind, treten sie mit anderen Entwicklungsfaktoren in Wechselwirkung. Sie haben für die Beziehungen des Individuums zu anderen eine entscheidende Bedeutung.

Wir müssen deshalb untersuchen, ob die Möglichkeit besteht, daß die Abwehrmechanismen beim Menschen entscheidenden Veränderungen unterliegen, wenn der Sexualtrieb in der Säuglingszeit, im Kleinkindalter oder später nicht in Funktion tritt.

Die psychoanalytische Theorie basiert auf Freuds Auffassung vom Konflikt und von der Abwehr. Der Konflikt entsteht aus den Forderungen der Triebe und den Hindernissen, die ihrer Befriedigung durch die Umwelt in Form äußerer Einschränkungen oder internalisierter Kontrollen gesetzt werden. Die Abwehrmechanismen werden vom Ich im Laufe des Domestikationsprozesses der Triebe ausgebildet. Dieser Vorgang läßt sich folgendermaßen schematisieren: Die Kulturentwicklung muß das Triebverlangen mit zwei Forderungen, einer äußeren und einer inneren, in Einklang bringen. Der äußere Faktor ist durch die Realität gegeben und schließt die durch die Umwelt auferlegten Beschränkungen ein. Der innere wird durch die Forderungen des Über-Ichs (d. h. der internalisierten Realität) repräsentiert. Das Ergebnis kann in beiden Fällen eine Kompromißhandlung der einen oder anderen Art sein. Wenn in extremen Fällen keine Möglichkeit besteht, den Trieb, die Umwelt und das Über-Ich gleichzeitig zufriedenzustellen, kann der Konflikt eine Verdrängung der Triebforderung erzwingen.

Die Sublimierung ist ein gutes Beispiel einer Kompromißbildung, die hysterische Anästhesie ein Beispiel für die Verdrängung. Zwischen beiden, zwischen Kompromiß und Lähmung, liegt eine Skala verschiedener Lösungen mit einer Fülle konstruktiver Möglichkeiten. Diese Lösungen stellen Anpassungsversuche dar. Sie schließen die Abwehrmechanismen des Ichs ein.

Abwehrmechanismen sind psychologische Mittel, die es erlauben, mit spezifischen Konflikten ein mehr oder weniger erträgliches Auskommen zu finden. Sie bilden sich im Gefolge der Konflikte, und wir können uns fragen, was geschehen wird, wenn einer der Hauptanlässe für Konflikte, nämlich das autoerotische Verhalten, im Verhaltensrepertoire des Kindes fehlt. Was wird geschehen, wenn diese bedeutende Entwicklungslinie, welche sich normalerweise durch die aufeinanderfolgenden Stufen der Libidoentwicklung hindurchziehen sollte, ausgeschaltet wird?

In unserer westlichen protestantischen Kultur zentrieren sich die Konflikte und die Verdrängung um diese Entwicklungslinie. Sie ist die treibende Kraft des Ödipuskomplexes und der Bildung des Über-Ichs. Ich glaube, daß es sich darüber nachzudenken lohnt, wie anders die Struktur der Abwehrsysteme, der Objektbeziehungen, der ödipalen Entwicklung und der Über-Ich-Bildung wäre, wenn sexuelle Äußerungen des Kleinkindes kein Erziehungsproblem böten, weil dieses Problem nicht existiert. Dieser Fragestellung sollte man durch Beobachtungen näherkommen, z. B. durch Verlaufsuntersuchungen von Kindern, die in Waisenhäusern aufgezogen wurden. Man sollte prüfen, ob solche Kinder zum Masturbieren kommen und zu welchem Zeitpunkt sie die Onanie entdecken; welche Formen sie annimmt; wie häufig masturbiert wird usw. Bei dem derzeitigen Stand unseres Wissens können wir nur Vermutungen über die möglichen Abweichungen äußern, die zu erwarten sind, wenn die Onanie oder die Neigung zur Masturbation beim Kleinkind fehlen.

### Der »brave, verträgliche Bursche« wird zum Mörder

Ich denke z. B. an das übermäßig brave, besonders folgsame, das sanfte, engelgleiche Kind, das »Kind, das überhaupt keine Mühe macht«. Nicht einmal in der turbulentesten Zeit der Latenz und der Pubertät bietet es den Eltern oder Lehrern Erziehungsprobleme, wenn man von einer peinlich unzureichenden Lernfähigkeit absieht. Kann dies die Begleiterscheinung einer Entwicklung sein, in der die infantile Sexualität fehlte? Jedermann, Lehrer, Schule, Eltern und Nachbarn halten dieses Kind für besonders brav, gehorsam und unproblematisch. Es gibt sich in der Schule solche Mühe, aber es scheint es zu nichts zu bringen. Es hat nur wenig Freunde. Es wird auch wohl von den anmaßenderen seiner Alterskameraden ausgenutzt, von denen, die gerne einen ergebenen Sklaven haben, der sie anbetet. Plötzlich lesen wir dann von einem unerwarteten, unbegreiflichen, mörderischen Ausbruch jenes Adoleszenten, der bis dahin ein so »braver« Bursche war. In der Schule saß er bescheiden seine Jahre ab, hatte keinen Freund. An den Unternehmungen der Gruppe nahm er nicht teil, es sei denn, man befahl es ihm. Es hatte nicht den Anschein, daß er irgend etwas vom Unterricht aufnahm. Er wurde versetzt, weil er »sich so sehr bemühte« (und weil man es in unserem Schulsystem für undemokratisch hält, ein Kind, auch mit unzureichender Leistung, nicht wie alle anderen zu versetzen). Er wurde mit einem niedrigen I.Q. entlassen, wurde als normal, aber »etwas schwer von Begriff« angesehen. Man hielt ihn am ehesten für Dienstleistungen geeignet. Vom Musterungsbüro wurde er öfter abgelehnt.
Vermutlich ist der tatsächliche I.Q. solcher Kinder nicht so niedrig,

wie ihn die routinemäßigen Testergebnisse und Schulberichte anzeigen. Unsere üblichen Erziehungsmethoden sind allerdings nicht darauf abgestellt, einen Mangel dieser Art zu erfassen, bei dem die Abweichung so früh eintrat, und es ist der Schule nicht möglich, solche kontaktlosen Kinder der Gesellschaft zurückzugewinnen. Diese Kinder ziehen in der Elementarschule auch nicht die Aufmerksamkeit ihrer Erzieher auf sich. Sie sind zu farblos und unauffällig. Sie kommen nicht einmal mit der Allgemeinheit — ihren Klassenkameraden — in Konflikt; denn Konflikte entstehen dort, wo Beziehungen bestehen, nicht dort, wo sie fehlen.

### Die »brave kleine« Prostituierte

Man könnte beim flüchtigen Nachdenken meinen, der »gute Kerl«, der zum Mörder wird, habe bei den weiblichen Adoleszenten kein Gegenstück. Ich glaube, daß er doch eines hat, und zwar in dem Typ der »guten, kleinen« Prostituierten, der klassischen weiblichen Delinquentin, die geistig minderbemittelt ist und die eine favorisierte Heroine für unsere avantgardistischen, zornigen Beatnik-Poeten abgibt.

Ich hatte Gelegenheit, eine große Anzahl solcher weiblicher Delinquentinnen im Laufe eines Forschungsvorhabens, das sich über fünf Jahre erstreckte, zu beobachten. Es handelte sich um minderjährige Delinquentinnen und ihre unehelichen Kinder, die auf der Säuglingsabteilung einer Strafanstalt untergebracht waren. Ein früherer Geistlicher der Anstalt hatte die Akten von 200 dieser Delinquentinnen, die dort im Laufe von drei Jahren inhaftiert waren, ausgewertet. Er fand, daß über 90% der Mädchen aus zerrütteten familiären Verhältnissen (*broken homes*) kamen. Es läßt sich erschließen, daß eine überwältigende Mehrheit der Delinquentinnen, die in dieser Anstalt untergebracht waren, in der Kindheit keine Möglichkeit hatte, normale Objektbeziehungen auszubilden.

Die Befunde, die ich bei diesen straffälligen Mädchen erhob, stützen meine Annahme, daß für die Entwicklung der Persönlichkeit normale Objektbeziehungen während der ganzen Kindheit von entscheidender Bedeutung sind. Im großen und ganzen waren es einfache, nicht besonders aufgeweckte Mädchen, die aufgrund der Wayward Minors Act verurteilt worden waren.

Nach meiner oben formulierten These müßte bei ihnen die Sexualität durch Abwesenheit glänzen. Handelte es sich nicht um Individuen, denen Objektbeziehungen während der Kindheit fehlten? Und doch haben wir Mädchen vor uns, die nicht nur eine sexuelle Aktivität entfaltet hatten, sondern die gerade wegen dieser Aktivität in der Strafanstalt gelandet waren. Der Widerspruch besteht nur dem Schein nach. Bei Harlows Affen waren es ebenfalls die weiblichen Tiere, die schließlich doch noch zur sexuellen Aktivität gebracht werden konnten, wenn auch, um mit seinen Worten zu reden, »ohne Begeisterung und Beteiligung«. Eine oder zwei der weiblichen Affen unterwarfen sich schließlich ziemlich passiv den aktiven normalen Männchen.

Mir scheint, daß unsere Delinquentinnen dem Bild eines etwas einfältigen pubertierenden Mädchens entsprechen, das »von überhaupt nichts eine Ahnung hat«, das aber gehorsam tut, was von ihm verlangt wird.

Jede Anstalt für straffällige Mädchen beherbergt eine große Zahl solcher geistig und emotional minderbemittelter Wesen. Es ist allgemein bekannt, daß sie in der Wahl ihrer Sexualpartner völlig anspruchslos und völlig promiskuös sind[11].

---

[11] Ich sage nicht, daß jedes promiskuöse Mädchen, jede Prostituierte, minderbegabt ist — die Geschichte selbst würde mich widerlegen. Aber die intelligente Prostituierte, die promiskuöse Intellektuelle, hat eine neurotische Persönlichkeit, die sich aus neurotischen Konflikten entwickelte. Diese Vorgänge spielen sich auf einer höheren Entwicklungsstufe ab, in einem späteren Alter als in dem, in welchem sich die Störung der »braven, kleinen« Prostituierten manifestiert. Ein neurotischer Konflikt entsteht wohl nur dort, wo autoerotische Betätigung zu finden ist. In dieser Hinsicht war die Zusammensetzung der Säuglingsabteilung der Strafanstalt etwas einseitig und gab mir dadurch Gelegenheit, eine größere Anzahl geistig etwas unbemittelter Delinquentinnen zu beobachten. Unsere Gesetze und Institutionen begünstigen die Inhaftierung der Unintelligenten. Die intelligente Prostituierte entzieht sich der Polizei leichter; außerdem wird das Mädchen, das etwas schwer von Begriff und etwas schwachsinnig ist, nicht aber das aufgeweckte, von einer Schwangerschaft überrascht.

Aus solchen Beobachtungen habe ich gefolgert, daß ein spezifisches, sozial abweichendes Verhalten bei Knaben und Mädchen dann auftritt, wenn frühe Objektbeziehungen fehlten. Dieses abweichende Verhalten fällt der Allgemeinheit erst auf und beunruhigt sie erst, wenn das Individuum in die Pubertät kommt. Man erwartet, daß das Individuum auf dieser Altersstufe eine zunehmende Autonomie erlangt und sein Verlangen nach anaklitischer Unterstützung aufgibt. Gleichzeitig erwartet man, daß es zwar die Autonomie übt, aber im Rahmen der sozialen Sitten verbleibt. Bei den Knaben mit sozial gestörtem Verhalten führt dies zum Konflikt mit den bedürfnisbefriedigenden Objekten, bei den Mädchen durch das Fehlen beständiger Objektbeziehungen und durch den Versuch, sich an jedes neue bedürfnisbefriedigende Objekt anzuklammern, zu einem Verstoß gegen den bestehenden sozialen Sittenkodex.

Wie ist die psychische Struktur solcher Wesen zu verstehen? Welches sind die dynamischen Konstellationen, unter denen sie sich herausbildet? Ich habe bereits darauf hingewiesen, daß dort, wo die Masturbation nicht vorkommt, ein Hauptanlaß für Konflikte zwischen Eltern und Kindern fehlt. Der Sexualtrieb setzt viele Betätigungen des Kindes in Gang, sowohl manifest sexuelle als auch solche, die nicht manifest sexuell sind, wie Spiele ohne Partner, Spiele mit Altersgefährten etc. Verschwinden die sexuellen Betätigungen aus den manifesten Verhalten, dann ist das Kind auch nicht mehr »böse«, weder böse, indem es »mit sich selbst spielt«, noch böse, indem es mit anderen Kindern spielt; dazu kommt es nicht einmal mehr. Das Kind entwickelt keine Anhänglichkeit und keine Freundschaft. Es mag ein bißchen schwerfällig sein, aber für die einfachsten Bedürfnisse wie Essen, Wärme und Nähe wird es tun, was seine Eltern von ihm fordern. Es wird sich anklammern, und man wird es ein »liebes Kind« heißen. Es ist gut im Sinne der Redensart: »Sei ein gutes, süßes Mädchen und überlaß es denen, clever zu sein, die es können.« Aber ihrer ist nicht das Himmelreich.

Wo es keinen Konflikt gibt, gibt es auch keine Versagung. Damit entfällt der Anstoß, in der Anpassung die vielfältigen Sektoren des psychischen Apparates des Kindes zu entwickeln. Es gibt keine Probleme, die gelöst werden müssen, keine Hindernisse, die zu überwinden sind. Es existiert nur der Weg des geringsten Widerstandes, und der geringste Widerstand ist, ein »braves« Kind zu sein.

Ein Hauptproblem dieser Kinder liegt darin, daß die Frage der Abwehr überhaupt nicht auftaucht. Denn die Abwehrmechanismen sind mächtige Werkzeuge, sicherlich die mächtigsten überhaupt, im Instrumentarium der menschlichen Anpassung, Entwicklung und im Fortschritt der Menschheit. Bei diesen »braven« Kindern ohne sexuelle Betätigung gibt es wenig abzuwehren, und auf der ödipalen Stufe wird kein Ödipuskonflikt wachgerufen.

Für diese »braven« Kinder ist der Abwehrmechanismus der Wahl die Identifikation. Es wäre wahrscheinlich richtiger, von introjizierenden und projizierenden Mechanismen im Sinne der »magischen Partizipation« zu sprechen, im Sinne jenes Begriffes also, der von Edith Jacobson (1954) eingeführt wurde. Ihre klare Analyse der dynamischen Faktoren, die im Vorgang, Teil des omnipotenten Objektes zu werden, enthalten sind, stimmt mit vielem überein, was ich beschreibe. Ebenso sollte in diesem Zusammenhang Sperlings (1944) Begriff der »Appersonation« berücksichtigt werden.

In ähnlicher Weise ist der Begriff der »projektiven Identifikation« der Schule Melanie Kleins — das Objekt besteht gleichzeitig außen und innen (Klein, 1948), und das Ich kann zeitweise völlig überschwemmt werden — für unseren Gegenstand wichtig. Edith Jacobson zeigte jedoch deutlich, daß sich diese Kleinschen Begriffe nur auf Urformen beziehen, die in der frühesten Kindheit wirksam sind. Die Mechanismen, die aus ihnen entwickelt werden müssen, treten später auf. Den Urformen analoge Prozesse können nur bei psychotischen Patienten oder Borderline-Fällen beobachtet werden. Das stimmt mit meinen eigenen Vorstellungen gut überein. Die spätere Entwicklung der Personen, über die ich gesprochen habe, kann zwar kaum mit den gebräuchlichen Klassifikationen als Psychose erfaßt werden, man würde sie jedoch sicher als Borderline-Fall bezeichnen.

Von den anderen Abwehrmechanismen steht die Regression offensichtlich von Anfang an zur Verfügung, zumal sie nahe an die physiologischen Vorläufer heranreicht. Wie weit die Wirkung von Introjektion und Projektion reicht und ob die Verdrängung zur Verfügung steht, wird Gegenstand einer gesonderten Untersuchung sein müssen.

Es soll noch einmal betont werden, daß ich nur über extreme Fälle spreche, über Menschen, die keine Mutter hatten, Menschen, die mit Harlows an Attrappen aufgezogenen Affen zu vergleichen sind. Bowlby (1960) behauptete kürzlich, daß dergleichen heute nicht mehr zu sehen sei — ich kann seinen Optimismus nicht teilen. Die Unmenschlichkeit des Menschen gegen seinen Mitmenschen ist nicht geringer geworden. Letzten Endes ist der Ausdruck, mit dem die deutschen Ethologen ihre »von Reizen isolierten« Tiere bezeichnen, aus der menschlichen Erfahrung abgeleitet. Sie nennen sie »Kaspar-Hauser-Tiere« — ein zweifelhaftes Kompliment für das menschliche Mitgefühl.

Offensichtlich sieht der Psychiater zumeist weniger extreme Fälle. Die Schwankungsbreite der Ausfälle ist groß und geht dem Ausmaß des Verlustes an Objektbeziehungen, seiner Dauer und dem Alter, in dem er eintrat, parallel. Die Endpunkte der Skala sind durch den Hospitalismus einerseits und relativ unauffällige Defekte andererseits bestimmt.

Ich spreche natürlich nicht von den Fällen, in denen die Umwelt das Spiel mit dem Genitale und die Masturbation unterdrückt oder einschränkt. Ich spreche vielmehr davon, daß ein Spiel mit dem Genitale und die Masturbation als Folge und Anzeichen eines entscheidenden Mangels an Mutter-Kind-Beziehungen in altersentsprechender Zeit überhaupt nicht auftreten. Das Ausbleiben des Spieles mit dem Genitale und der Onanie ist ein Symptom — und zwar nicht das einzige — dieses Mangels. Es ist eine Entwicklungsstörung, die verhindert, daß sich ein spezifischer Sektor der Persönlichkeit ausbildet. Es handelt sich hierbei um einen Sektor, der im Laufe der Entwicklung erworben wird (im Sinne von Hartmann, Kris und Loewenstein, 1946). Das Bild dieses Mangels ist oft sehr unspezifisch als eine Arretierung in der Entwicklung dargestellt worden. Ich versuche, eine spezifischere Schilderung zu

geben. Aus diesem Grunde habe ich an dieser Stelle die Frage der Abwehrmechanismen aufgegriffen, die ich für Strukturen halte, die der Anpassung dienen und die für die Entwicklung des Ichs von entscheidender und richtungweisender Bedeutung sind.
Aus dieser Erkenntnis heraus müssen wir uns fragen, welche Abwehrmechanismen (neben den primitiveren der Regression, Introjektion, Projektion, Verdrängung und Verleugnung) den Kindern zur Verfügung stehen, die kein manifestes Sexualverhalten ausbilden. Das hängt offenbar vom Zeitpunkt, dem Grad und der Dauer des Verlustes an Objektbeziehungen ab.
Es beschäftigt uns jedoch an dieser Stelle nicht der Grad der Störung. Unsere Frage lautet, ob bei fehlendem Konflikt überhaupt Abwehrmechanismen ausgebildet werden. Ich glaube, daß bei diesen Störungen die Abwehrmechanismen, die sich gewöhnlich *nach* dem ersten Lebensjahr entwickeln (Reaktionsbildung, Isolierung, Ungeschehenmachen, sogar die Identifizierung mit dem Aggressor usw.), nicht erworben werden[12].

---

[12] Meine Unterscheidung zwischen primitiven Abwehrmechanismen und solchen, die sich später entwickeln, beruht auf der Unterteilung des Begriffes der Abwehrmechanismen in: 1. Urformen (physiologische Schablonen) der Abwehrmechanismen, 2. Vorläufer der Abwehrmechanismen und 3. echte Abwehrmechanismen.
1. Ich bin der Meinung, daß die Urformen der Abwehrmechanismen physiologische Verhaltensweisen und Funktionen sind, die sozusagen als Modelle für spätere psychologische Prozesse dienen.
2. Vorläufer der Abwehrmechanismen sind psychisch gesteuerte Verhaltensweisen. Sie schließen im Unterschied zu den Urformen einen psychischen Konflikt ein, der entweder zwischen den Trieben selbst oder zwischen den Trieben und der Realität besteht. Sie schließen jedoch noch keinen Strukturkonflikt ein.
3. Die eigentlichen Abwehrmechanismen setzen einen Strukturkonflikt voraus. Dieser verlangt nicht mit Notwendigkeit, daß ein Über-Ich oder auch nur ein Vorläufer des Über-Ichs vorhanden ist. In seiner ursprünglichsten Form besteht ein Konflikt zwischen Ich und Es.
Nach meiner Meinung entstehen Abwehrmechanismen als Maßnahme, die der Anpassung dienen. Die Anpassungsfunktion gibt jedoch kein nützliches Merkmal ab, um Abwehrmechanismen von ihren Vorläufern oder Urformen zu unterscheiden. Beide, Vorläufer und Urformen, dienen bereits im ersten Lebensjahr der Anpassung, und zwar oft lange vor der psychischen Entwicklung der ersten echten Abwehrmechanismen.

Dies sind echte Abwehrmechanismen des Ichs. Sie tragen ständig ihren Teil zur Struktur des Ichs und zur Bildung der Persönlichkeit bei. Die Maßnahmen, die diesen gestörten Kindern zur Anpassung zur Verfügung stehen, sind keine echten, ständigen Abwehrmechanismen des Ichs. Es sind unbeständige Identifizierungsmanöver, Pseudo-Abwehrmechanismen, vorübergehende Versuche, mit der unmittelbaren Situation fertig zu werden. Deshalb werden sie ebenso leicht aufgegeben, wie sie angenommen werden. Sie üben weder auf die psychische Struktur, noch auf den Charakter einen bleibenden Einfluß aus.

Aus diesem Grunde erörtere ich zum einen das Problem, welche Bedeutung das Spiel mit dem Genitale und die Onanie für die Ich-Entwicklung haben. Die Hemmung der Ich-Entwicklung, die sich

---

Ich glaube, daß in den unbewußten Prozessen das brauchbarste Kriterium gegeben ist, um festzustellen, ob ein gegebenes Phänomen echte Abwehrmechanismen oder nur ihre Vorläufer einschließt. Wir haben es mit Abwehrmechanismen zu tun, wenn das, was wir beobachten, das Ergebnis eines unbewußten Prozesses ist, wenn es den psychologischen Lösungsversuch eines psychischen Konfliktes darstellt, d. h. eines Konfliktes zwischen den Trieben oder eines Konfliktes zwischen Trieben und Realität (z. B. ein Konflikt mit einem Liebesobjekt), und wenn das Ergebnis dieses Versuches eine Maßnahme ist, die von da an als ein Modell dient, um mit vergleichbaren psychischen Konflikten umzugehen.

Die verschiedenen Abwehrmechanismen entwickeln sich jedoch nicht auf ein und derselben Altersstufe. Wenn ich von primitiven Abwehrmechanismen spreche, beziehe ich mich auf solche, die in ihrer ganzen Struktur den Urformen und Vorläufern näherstehen als die späteren, differenzierteren Abwehrmechanismen. Unter diesem Gesichtspunkt gehört die Regression zweifellos zu den primitiven Abwehrmechanismen, denn sie ist nicht nur bereits im ersten Lebensjahr vorhanden, sondern sie ist auch die Maßnahme, auf die bei archaischen Ich-Es-Konflikten am ehesten zurückgegriffen wird. Die Inkorporation und das, was ich »Ex-Korporation« nennen möchte, stellen sicher Anpassungsvorgänge dar. Aber ob die Introjektion bereits auf der frühen Stufe der Ich-Entwicklung gegen Ende des ersten Lebensjahres funktioniert, ist ebenso schwer zu entscheiden wie die Frage, ob der Projektionsmechanismus bereits im selben Alter zu erkennen ist. Der Mechanismus der Verleugnung steht jedoch sehr wahrscheinlich auf dieser frühen Stufe schon zur Verfügung. Es ist eine Frage der persönlichen Einstellung, ob man annimmt, daß die Verdrängung auf dieser frühen Altersstufe vorhanden ist oder ob man eher glaubt, daß sie im Laufe des zweiten Lebensjahres auftritt. Die zweite Annahme hat eine größere Wahrscheinlichkeit für sich.

in einer mangelnden Ausprägung des Sexualtriebes und der Bildung von Abwehrmechanismen manifestiert, ist das andere Problem, mit dem ich mich befasse. Man kann sich sehr wohl fragen, wie das Individuum solche Mängel, wenn sie besonders ausgeprägt sind, überhaupt überlebt.

Bei den Tieren auf der Stufe der Primaten überlebt das Individuum diese Zustände offensichtlich nicht, es sei denn unter einer zufälligen Bedingung wie der, daß es in einem Laboratorium aufgezogen wird. Beim Menschen garantiert die westliche Kultur das Überleben bis zu dem Zeitpunkt, an dem sich das Individuum selbst versorgen kann. In extremen Fällen haben wir dann das Bild eines Individuums vor uns, das über die autonomen Ich-Funktionen verfügt, aber dem einige Funktionen auf der Stufe der sekundären Autonomie fehlen und das über die höheren psychischen Funktionen einschließlich der Kontrollfunktionen (Abwehrmechanismen, Ödipuskomplex, Über-Ich) nicht verfügt.

Diese Individuen können eine Ich-Identität erlangen, allerdings nur bis zu einem gewissen Grade. Es ist fraglich, ob eine Identität des Selbst erreicht werden kann — es sollte wiederum beachtet werden, daß sich die Aussagen nur auf extreme Fälle beziehen. Die Grenzen der Persönlichkeit bleiben bei diesen Patienten, aber ebenso bei vielen auch weniger tief gestörten, fließend und verschwommen. Nach meiner Auffassung formt sich die Identität des Selbst durch die Abgrenzung des Selbst vom Nicht-Selbst. Diese Trennung wird durch Verschiebung und Neuverteilungen der Besetzung innerhalb des Systems »Ich« erreicht. Dem Gedächtnis und den Denkprozessen kommen in diesem Zusammenhang besondere Bedeutung zu. Das Fehlen fester Grenzen zwischen Selbst und Nicht-Selbst, zwischen Ich und Es, und die Unfähigkeit, konstante Objektbeziehungen einzugehen, erklären die Willfährigkeit, das »Bravsein«, vieler solcher Individuen. Ohne ein Selbst erlangt zu haben, werden sie fügsam und willfährig. Sie werden gleichsam zu einem Anhängsel des bedürfnisbefriedigenden Objektes.

Man sollte jedoch immer bedenken, daß diese Individuen, die zum Anhängsel des bedürfnisbefriedigenden Objektes werden, keine echten Objektbeziehungen haben. Echte Objektbeziehungen sind das Endergebnis eines sehr langen Entwicklungsprozesses. Die

Triebschicksale, die Stufen der Libidoentwicklung, die entscheidenden Stationen in der Entwicklung, wie der Ödipuskomplex und seine Lösung, die Latenzzeit, die Pubertät — sie alle tragen auf ihre Weise zur Fähigkeit bei, Objektbeziehungen aufzurichten und sie aufrechtzuerhalten.

Das Fehlen eigentlicher sexueller Bedürfnisse, das Fehlen der Masturbation und das Ausbleiben der mit ihr verbundenen Phantasien schließen schon den ödipalen Konflikt aus und wandeln die späteren Triebschicksale ab. Die Art, mit der sich solche Kinder an Personen beiderlei Geschlechts aus ihrer Umgebung anklammern, sollte nicht in falscher Weise als eine Bindung an Objekte gedeutet werden. Das Anklammern nimmt oft in lästiger Weise überhand, und gerade dieses Übermaß schließt die ödipale Beziehung aus. Zum bedürfnisbefriedigenden Objekt kann jeder x-beliebige werden: Vater, Mutter, Tante, Onkel, Bruder, Schwester. Die Beziehung kann von einem zum anderen überwechseln. Es gibt keinen Konkurrenten, der das Objekt wegnimmt, denn diese Menschen haben die Fähigkeit, zum Teil, zum Anhängsel eines jeden zu werden, auf den sich ihre Triebe oder Bedürfnisse richten. Sie bleiben so lange ein Anhängsel, wie es das bedürfnisbefriedigende Individuum erlaubt.

Das voll ausgeprägte Bild kann man natürlich nur selten beobachten. Aus der individuellen Lebensgeschichte des Kindes resultieren viele Variationen und Modifikationen. Entscheidend ist, daß der Sexualtrieb entweder gar nicht im genitalen Bereich in Funktion gesetzt wird oder daß es sich, wo es doch der Fall ist, um einen sekundären Gebrauch des Genitales im Sinne einer Triebentladung handelt, der begleitende psychische Inhalte fehlen, genau wie bei der Inkontinenz des Säuglings oder beim Niesen. Ohne psychische Inhalte entsteht jedoch kein Ödipuskomplex.

Man kann nicht erwarten, daß sich ohne Ödipuskomplex ein Über-Ich bildet. Es gibt keine Imagines, die aufgegeben werden müssen, und mithin auch keine, die introjiziert werden. In der Tat sind bereits Introjekte vorhanden, primitive und deshalb nur schwach verankerte. Sie verbleiben auf der Stufe der Bedürfnisbefriedigung und werden aufgegeben, wenn sie Versagungen auferlegen. So erklärt sich die erstaunliche Leichtigkeit, mit der solche

Kinder neue Situationen hinnehmen. Es läßt die Oberflächlichkeit ihrer Bindungen und natürlich die Unwirksamkeit der Übertragung verstehen (Bender wies in einer Diskussion auf das Phänomen hin, das sie die bereitwillige, angstfreie Annahme einer neuen Umgebung durch das schizophrene Kind nennt.) Ich habe in einem anderen Zusammenhang ein solches Individuum in der Studie über den »Fall Felicia« beschrieben (Spitz, 1955b). Evelyn, Felicias Mutter, schloß sich, ohne auch nur eine Sekunde zu zögern, dem Menschen an, der ihr im gegebenen Augenblick das meiste zu bieten hatte.

Das läßt uns auch die »brave« kleine Prostituierte besser verstehen — ohne Zögern schließt sie sich dem Menschen an, der ihr eine Befriedigung bietet, mag sie in einem Drink, Geld, einer Liebkosung, einem Befehl oder einer Tasse Kaffee liegen. Über das »brave« kleine Mädchen, das eine »brave« kleine Prostituierte wird, sei damit genug gesagt. Aber wie steht es mit dem Jungen, der zum Mörder wird? Die Frage ist leicht zu beantworten. In den meisten Fällen wurde, so berichten die Zeitungen, eine oft ganz geringfügige Befriedigung versagt. Es wurde dem Jungen nicht erlaubt, sein Zimmer zu verlassen; es wurde ihm abgeschlagen, den Wagen zu benutzen; er wurde ausgescholten — immer wieder ist man über das Mißverhältnis zwischen der Versagung und dem mörderischen Impuls, mit dem sie beantwortet wurde, überrascht und verblüfft.

Nach meiner Auffassung ist die Frage folgendermaßen zu beantworten: Der Grad konstanter Objektbeziehungen, den diese Individuen erreichen, ist und bleibt unzulänglich. Ihr Über-Ich ist nur andeutungsweise oder überhaupt nicht ausgebildet. Die Unzulänglichkeit der Konstanz ihrer Objektbeziehungen zeigt sich in der Leichtigkeit, mit der ihr Ich-Ideal wechselt. Wo es zu wählen gilt, werden sie von ihrem rudimentären Über-Ich nur unzureichend gelenkt. Letztlich sind sie unfähig, eine Hierarchie ihrer Ziele aufzustellen und ihre Handlungen nach dem Dekalog ihrer Umwelt auszurichten.

Die Art ihrer Triebbefriedigung entwickelt sich kaum über die Stufe des Lust-Unlust-Prinzips hinaus. Die Frustrationstoleranz bleibt niedrig. Wann immer ein Verbot ausgesprochen wird, wird nur noch die Versagung erlebt. Sobald das bedürfnisbefriedigende Objekt sie frustriert, verliert es seine Eigenschaften als Objekt. Es wandelt sich von einem bedürfnisbefriedigenden Objekt in einen bedürfnisversagenden Frustrator, einen Aggressor um, der dann das Opfer der aggressiven, destruktiven Triebe des delinquenten Jungen wird.

Das Mädchen hingegen gewährt einem Partner, was er wünscht, sobald er ihr eine Befriedigung bietet, obwohl er nicht zum echten libidinösen Objekt auf genitaler Ebene wird, sondern nur zum bedürfnisbefriedigenden Objekt. Das Bedürfnis aber, das er befriedigt, ist kein genitales; denn die »brave« kleine Prostituierte ist frigide.

Diese Überlegungen haben uns von unserem ursprünglichen Gegenstand, der Frage der Onanie, weggeführt. Wenn meine theoretischen Erwägungen bestätigt werden können, dann muß unsere Auffassung, die wir von der Masturbation haben, in verschiedener Hinsicht revidiert werden. Wir müßten anerkennen, daß das Spiel mit dem Genitale in der frühen Kindheit befriedigende Objektbeziehungen anzeigt. Das schließt ein, daß man die Masturbation während des Vorschulalters, der Latenz und Adoleszenz als eine notwendige und folgerichtige Weiterentwicklung des Anfänglichen anzuerkennen hat. Aber wir wissen von Freud (1905), daß die Rolle und die Bedeutung der infantilen Sexualität erheblich darüber hinausgehen, nur ein Indikator zu sein.

Das ist sofort einzusehen, wenn wir uns vergegenwärtigen, daß der Drang des Kindes, seinen Sexualtrieb in der Form des Spieles mit dem Genitale in Funktion treten zu lassen, den Widerstand seiner Umwelt hervorruft und es in einen frühen Konflikt mit der sozial gebilligten Verdrängung der Sexualität bringt. Dieser Widerstand reicht vom freundlichen, liebenden »Verstehen« bis zu strengen und sadistischen Maßnahmen (Spitz, 1952) mit dem ausgesprochenen Ziel, die sexuelle Betätigung des Kindes zu unterbinden. Das Kind beantwortet diesen Zwang mit den verschiedensten Maßnahmen der Anpassung, welche von oberflächlichem Gehorsam bis zu offener Ablehnung reichen, von einer latenten Pathologie bis zu schweren Charakterstörungen. Wir kennen alle die Wandlungen des manifesten Verhaltens, die in diesem Alter so häufig vorkommen. Treten sie in der analen Trotzperiode auf, wie es oft zu sein pflegt, dann sind sie sehr auffällig. Sie können sich auch auf anderen Gebieten — und das pflegt meist der Fall zu sein — als den eigentlichen Sexualäußerungen manifestieren.

Auf derselben Entwicklungsstufe, beim Übergang von der oralen in die anale Phase, geht in der Dynamik der psychischen Ökonomie eine größere Umwandlung vonstatten. Sie wird von einer Reifungswelle eingeleitet, die die Quantität der Triebenergie, die eine Entladung erfordert, erheblich vermehrt. Die Kontrollen des Triebes, die sich in der Entwicklung ausbildeten, sind noch allzu unzulänglich, als daß sie den vermehrten Triebdruck beherrschen könnten, der in der neu besetzten analen Zone und ebenso aus den Vorboten der beginnenden genitalen Phase entsteht. Der Triebdruck wird noch durch den Widerstand, der von den Gegenmaßnahmen der Umwelt gegen die neue Manifestation ausgeübt wird, verstärkt.

Der Konflikt zwischen dem Triebdruck und dem Widerstand, den die Umwelt ihm entgegensetzt, ruft u. a. die verschiedensten Phantasien hervor, in die libidinöse und analsadistische Anteile eingehen, wobei die analsadistischen vorherrschen. Der Konflikt zwischen aggressiven und libidinösen Phantasien weckt Schuldgefühle, die von Ängsten begleitet sind. Versuche, die Angst zu bewältigen, führen zur Herausarbeitung von Abwehrmechanismen, wie Identifizierung mit dem Aggressor, Reaktionsbildung, Verleugnung usw. Die pathologische Verarbeitung dieser Konflikte führt zu Eßstörungen, Schlaflosigkeit des Kindes und Alpträumen. Der Pavor nocturnus gehört zu diesen Störungen: Ich glaube, daß es verschiedene Entwicklungsphasen gibt, in denen Pavor nocturnus auftritt. Von ihnen scheint die Phase des zweiten Lebensjahres die früheste zu sein.

Diese stürmischen intrapsychischen Prozesse formen entscheidend die Elemente, die in die immer noch rudimentäre Organisation des Ichs aufgenommen werden. Sie kennzeichnen den Übergang vom Erwerb der sekundären Autonomie im Ich zu der Stufe, in der die Abwehrmechanismen ausgebildet werden. Durch diese wiederum werden der Charakter und die Persönlichkeit des Individuums festgelegt. Auf dieser Stufe sind Identifizierungen zu beobachten, die die ersten Umrisse des Ich-Ideals andeuten. Auch die ersten Andeutungen einer Über-Ich-Bildung sind wahrscheinlich in dieser Zeit zu bemerken. Es ist die Phase, in der die ersten archaischen Imagines aufgenommen werden, die Imagines, die einerseits zum Inhalt des Ich-Ideals werden und zum anderen später introjiziert werden, um zur Bildung des Über-Ichs beizutragen.

Ich habe Wechselbeziehungen aufgezeigt, denen die psychische Ökonomie unterliegt, sobald der Sexualtrieb in Funktion tritt. Wenn diese Überlegungen auch sehr schematisieren, so zeigen sie doch auf, welch mächtigen Einfluß die frühen sexuellen Betätigungen auf die fortschreitende Entwicklung des Kindes ausüben. Ihre Auswirkungen beschränken sich nicht auf die Entwicklung der Persönlichkeit, sie bestimmen ebenfalls in der entscheidendsten Weise die beginnenden sozialen Beziehungen und die Anpassung des Individuums an die Gesellschaft.

Meine Bemerkungen sollten nicht mißverstanden werden: Ich schlage keineswegs vor, das Kind zur Masturbation zu ermutigen. Es sollte klar geworden sein, daß nicht die Masturbation *an sich* die treibende Kraft ist, um die es hier geht. Keineswegs. Ich möchte mit Nachdruck auf die Bedeutung hinweisen, die die Masturbation für die Phantasien hat, die sie hervorruft, für die Konflikte, die sie unvermeidlich heraufbeschwört, und die Abwehrmechanismen, die sich infolge der Konflikte ausbilden. Ich glaube, daß dieser Prozeß zu den wirksamsten gehört, die den Menschen zu einem sozialen Wesen werden lassen. Durch den Ödipuskonflikt und seine Lösung, die Bildung des Über-Ichs, kommt der Mensch in die Lage, soziale Beziehungen auszubilden und sich in die soziale Ordnung einzufügen.

Wenn ich meine Erörterungen noch einmal überblicke, so muß ich feststellen, daß sie mich in eine Zwickmühle gebracht haben. Einerseits habe ich gefunden, daß das Spiel mit dem Genitale in der Kindheit (oder das Fehlen) einen Hinweis auf die Art der Objektbeziehungen des Kindes gibt. Das Spiel mit dem Genitale führt zur kindlichen Masturbation und zu begleitenden Phantasien. Diese Phantasien tragen zum Prozeß der Bildung der Persönlichkeit und zur Ausbildung sozialer Beziehungen entscheidend bei. Meine eigenen Beobachtungen und die Tierexperimente zeigten, welche

verheerenden Folgen es hat, wenn das Sexualverhalten in der Säuglingszeit und frühen Kindheit fehlt.
Andererseits weiß ich sehr gut, daß uneingeschränktes Gewähren der Masturbation und sexueller Manifestationen in der Kindheit nicht zum Fortschritt der Entwicklung beiträgt. Im Gegenteil, die psychoanalytische Erfahrung zeigt, daß gerade die Einschränkung der Sexualität, besonders der Masturbation, zu einer solchen sozialen und kulturellen menschlichen Errungenschaft wie der des Über-Ichs führt.
Wie überall in der Entwicklung, so muß auch hier ein Kompromiß gefunden werden. Vom Standpunkt unserer Zivilisation sind die Folgen einer Masturbation ohne Einschränkung ebensowenig zu wünschen wie die Folgen einer völligen Beschränkung ohne Masturbation. Beides führt zur Sterilität, entweder zur Sterilität der Psyche oder der der Reproduktivität.
Ein einfaches Rezept dafür, wieviel Versagung den Kindern durch die Erziehung auferlegt werden soll, haben wir nicht; es sei denn, wir halten uns an das Grundprinzip *est modus in rebus*.
Der Mensch ist eine Einheit, die aus einem Kompromiß hervorgeht. Aber diese Einheit kann nicht aus dem größeren Zusammenhang der Gesellschaft, der Kultur, herausgelöst werden. Diese aber werden hinwiederum von der individuellen Entwicklung des Menschen geprägt. Alles in allem hängen der Mensch und seine Zukunft, sein Überleben als Individuum und der Bestand der menschlichen Gesellschaft und Zivilisation von den Beziehungen des Kindes zur Mutter ab, wie auch von der Art und Weise, in der das Individuum mit seinen Trieben umgeht. Letztlich hängt das Schicksal der Menschheit und ihrer Werke davon ab, wie die Menschen mit ihren Nachkommen, mit ihren Kindern umgehen.
Um mit den Worten des Dichters zu schließen: Der Mensch, »ein Fremdling und voll Angst in einer Welt, die er nicht erschuf«[13], kann nur bestehen und sein Schicksal erfüllen, wenn er von der Hand der Zwillingsgötter Eros und Aggression in die menschliche Gesellschaft eingeführt wird.

---

[13] »I, a stranger and afraid / in a world I never made.« (A. E. Housman).

# 3
## Die Evolution des Dialogs[1]

Mit diesem Studienobjekt hatten wir uns zunächst die Aufgabe gesetzt zu erforschen, wie das Kind beginnt, Lebewesen von Dingen, das Lebendige vom Nichtbelebten zu unterscheiden. Unerwarteterweise führt dies zur Frage nach dem Ursprung der Sprache, denn die Sprache ist — trotz des Computers — das, was den leblosen »Dingen« fehlt. Einige unserer Befunde wurden in »Das Leben und der Dialog« (Spitz 1963b) veröffentlicht. Ich will nun diese These weiter ausarbeiten und dabei gelegentlich auf die erste Arbeit zurückgreifen.

In der psychoanalytischen Literatur ist es Winnicott (1953), der in seiner Arbeit »Übergangsobjekte und Übergangsphänomene« dem Problem der Frühphasen einer Unterscheidung zwischen dem Lebenden und dem Unbelebten am nächsten kommt. Ich glaube, ihn richtig zu interpretieren, wenn ich sage, daß er die Dauerbeziehung des Kindes zu einem unbelebten »Ding«, einem weichen, schmiegsamen Spielzeug oder auch irgendeinen anderen Gegenstand, als ein Verhalten betrachtet, das mehreren Funktionen dient. Einerseits bedient das Kind sich dieses Verhaltens, um sich Autonomie vom libidinösen Objekt zu verschaffen; andererseits meistert das Kind die Konflikte und Probleme, die ihm aus seiner Beziehung zum libidinösen Objekt erwachsen, mit Hilfe von Phantasien, die es an einem Übergangsobjekt, also einem unbelebten Ding, agiert.

M. Mahler (1958) nähert sich dem Problem von der entgegengesetzten Seite. Sie beschreibt, daß beim schizophrenen Kind die Ich-Regression auf das Niveau der Entdifferenzierung der Wahrnehmung hinabsinkt, wobei die schon erreichte erste Unterscheidung zwischen Lebewesen und Unbelebtem wieder verlorengeht. Mah-

[1] Aus »Drives, Affects, Behavior«, Bd. 2 (1965), S. 170—190.
Der Autor dankt Herrn W. Godfrey Cobliner, Ph. D., für seine kritischen Bemerkungen hinsichtlich der Formulierung von Begriffen, Definitionen und Thesen und für seine editorische Arbeit an diesem Artikel.

ler setzt also voraus, daß eine solche Unterscheidung an einem bestimmten Punkt der infantilen Entwicklung erworben wird.
Unsere Aufgabe besteht nun darin zu untersuchen, durch welchen Prozeß die Unterscheidung zwischen Lebewesen und Unbelebtem in der Frühkindheit erlangt wurde, und wie dieser Prozeß mit der Ausbildung der Sprache in Beziehung steht. Ich beginne mit einer kurzen Übersicht über unser Wissen hinsichtlich der ersten Phase der visuellen Unterscheidung zwischen Lebendem und Unbelebtem im ersten Lebensjahr des menschlichen Säuglings.
Im Alter von etwa vier Wochen reagiert der Säugling auf das menschliche Gesicht, indem er es mit den Augen verfolgt. Jedoch besteht noch im dritten Lebensmonat kein Unterschied in seiner Lächelreaktion auf eine unbelebte Nachbildung des menschlichen Gesichts und auf das wirkliche Gesicht, sobald das eine wie das andere sich in Bewegung befindet. In der nächsten Phase, etwa vom sechsten Lebensmonat an, verwechselt das Kind die unbelebte Maske nicht mehr mit dem lebendigen Partner, auch nicht für kurze Zeit. Auch wenn man die Maske dem Liebesobjekt ähnlich gestaltet und sie bewegt, wirkt das nicht mehr.
Wir schlagen dazu die folgende Erklärung vor: In diese Altersstufe fällt eine kritische Entwicklung, während der eine mit Unterscheidungsprozessen einhergehende Anpassung an das Unbelebte einerseits, das Belebte andererseits stattfindet. Wir kamen zu der Annahme, weil wir beim menschlichen Kind dieser Altersstufe (zweite Hälfte des ersten Lebensjahres) eine Reihe unerwarteter und unvorhersagbarer Reaktionen auf lebende wie auf unbelebte Objekte beobachteten.
Das auffälligste Zeichen der Anpassung des Kindes an Belebtes ist das Auftreten der »Achtmonatsangst« (Spitz, 1950), die die altersspezifische affektive Reaktion des menschlichen Kindes auf einen sich nähernden fremden Menschen darstellt. In den darauffolgenden Veröffentlichungen (1954, 1957) nannte ich diese Zeitspanne eine »kritische Entwicklungsperiode«. Die Achtmonatsangst stellt einen Schritt in Richtung auf die visuelle Unterscheidung zwischen Fremdem und Vertrautem dar.
Bei einigen Kindern wurden nun gelegentlich ähnliche Reaktionen auf *Unbelebtes* beobachtet; hierfür fanden wir nicht sogleich eine

Erklärung. Im Laufe unserer Arbeit fielen uns solche Reaktionen häufiger auf. Wir fanden sie bei etwa einem Drittel der von uns beobachteten Kinder. Sie treten nicht mit derselben Regelmäßigkeit auf wie die Achtmonatsangst. Sie sind sporadisch, nicht vorhersagbar; wenn man sie jedoch aufmerksam verfolgt, kann man vielleicht auch bei diesen Reaktionen Gesetzmäßigkeiten finden.

Wir beobachteten diese Erscheinung erstmals, als wir Kleinkindern eine 30 cm große Puppe zeigten, die sie nie vorher gesehen hatten. Einige der Kinder reagierten darauf mit Angst. Diese Reaktion variiert natürlich von Kind zu Kind, genauso wie die Achtmonatsangst. Sie reicht von ablehnendem Staunen zu Furcht und panischem Angstgeschrei.

Es gelang mir nicht, diese Puppenangst mit der Lebensgeschichte des einzelnen Kindes oder mit dem Vorhandensein oder Nichtvorhandensein von Achtmonatsangst in Beziehung zu setzen. Sie schien jedoch bei Kindern, die eine Trennung erlebt hatten, besonders stark zu sein. Wir entdeckten weiter, daß solche Reaktionen (in der gleichen Zeitspanne, jedoch nicht unbedingt bei den gleichen Kindern) auch durch andere unbelebte Objekte hervorgerufen werden konnten, obwohl die Puppe die spektakulärste Angstreaktion erzeugte.

Diese Beobachtungen führten mich zu dem Schluß, daß die unerwartete Reaktion der Kinder auf unbelebte Objekte in der zweiten Hälfte des ersten Lebensjahres als eine der Änderungen im Verhalten angesehen werden muß, die die Errichtung des von mir so genannten »zweiten Organisators der Psyche«[2] anzeigt. Im Verlauf dieser Entwicklung wird das Kind unter anderem fähig, die Mutter, sein Liebesobjekt, von fremden Menschen und ferner das Belebte vom Unbelebten zu unterscheiden. Das bedeutet zugleich eine erfolgreiche Entwicklungsstufe in den Denkvorgängen des Kindes. Meiner Meinung nach ist dies der Beginn der Vorstellung von »lebendig«, von »Leben«.

---

[2] Ich habe andernorts (1954, 1959) die These aufgestellt, daß die zu höheren Niveaus der entwicklungsmäßigen Integration führenden Wandlungen durch das Auftreten von »Organisatoren« der Psyche markiert sind, und habe drei solcher Organisatoren beschrieben.

Ähnlich wie die Fähigkeit, das Liebesobjekt von allen anderen Menschen in der Welt zu unterscheiden, ist die Unterscheidung des Lebendigen von unbelebten Dingen eine höchst bedeutsame Errungenschaft und als solche auch konfliktreich, wie es sich manchmal in Gestalt von Angst zeigt. Ich glaube, daß in diesem Konflikt der Aggressionstrieb eine entscheidende Rolle spielt, wie ich weiter unten noch darstellen werde.

Bisher ist den selektiven Angstreaktionen des Kleinkindes auf gewisse unbelebte Objekte von Kinderpsychologen keine besondere Aufmerksamkeit gewidmet worden. Im letzten Jahrzehnt sind jedoch Psychoanalytiker in einigen klinischen Fällen auf solche Ängste gestoßen. Auch die Ethologen haben solche Reaktionen auf das Unbelebte bemerkt. Die Reaktion scheint bei den Primaten ziemlich auffällig zu sein, ist aber auch bei anderen Spezies beobachtet worden. Ich konnte dieses Problem mit Konrad Lorenz, Eibl-Eibesfeld und deren Mitarbeitern wie auch mit Donald Hebb und seinem Kreis besprechen. Sie alle betrachten das Phänomen als Reaktion auf eine spezifische Art von Nicht-Vertrautem.

Hebb (1946) entdeckte, daß das Gipsmodell eines Affenkopfes zu ähnlichen Reaktionen führte. Er zeigte seinen Affen eine Anzahl von Dingen; als besonders angsterweckend erwiesen sich Plastiken von Köpfen der gleichen Gattung. Hebb meint, daß die verfremdende Variation des Vertrauten, ein vertrautes Objekt in neuem Kontext, besonders angsterregend wirke.

Was bedeutet das für die Frage, wie das Kind das Belebte vom Unbelebten zu unterscheiden lernt? Für die Tiere ist diese Unterscheidung lebenswichtig, und sie haben diese Fähigkeit offenbar im Laufe der Phylogenese erworben. Je höher jedoch die Stufe der Evolution, um so wichtiger wird die Rolle des *Lernens.*

Ein wesentlicher Aspekt dieser Rolle des *Lernens* wird sichtbar, wenn wir Harlows breit angelegte Studie betrachten, deren Thema er *The Nature of Love* nannte (1958, 1959, 1962). In einer Arbeit über frühes Sexualverhalten (1962) habe auch ich dieses Thema gestreift und Harlows Experiment ausführlich diskutiert. Harlow zog Rhesusaffen an Surrogat-Müttern aus Draht und Frotteestoff auf, also an unbelebten Objekten. Ich habe insbesondere die Folgen dieses Experimentes erörtert. Diese sind, kurz gefaßt, folgende: die an Surrogaten aufgezogenen Affen konnten weder spielen noch Sozialbeziehungen entwickeln. Sie unterlagen unkontrollierbaren Ängsten und Ausbrüchen heftiger Erregung, Feindseligkeit und Zerstörungswut. Die ausgewachsenen Tiere nahmen keine Sexualbeziehungen auf, zeigten überhaupt keinerlei sexuelles Verhalten. Ich fragte mich, welcher vorhandene oder abwesende Faktor einen so destruktiven Einfluß auf die Entwicklung der Äffchen haben könnte und kam zu dem Schluß, daß es der Mangel an *Gegenseitigkeit* zwischen Muttersurrogat und Rhesuskind sein müsse.

Ich will hier einen besonderen Ausschnitt dieser Gegenseitigkeit zwischen Mutter und Kind untersuchen, den ich den *Dialog* nenne. Er bildet einen so großen Teil der Mutter-Kind-Beziehung, daß er praktisch mit den Objektbeziehungen gleichgesetzt werden kann. Natürlich ist es kein verbaler Dialog. Es ist ein Austausch von Handlung und Reaktion, der innerhalb der Dyade als Kreisprozeß vor sich geht, als kontinuierlicher, sich wechselseitig stimulierender Rückkoppelungsstromkreis. In Wirklichkeit handelt es sich um einen *Vorläufer* des Dialogs, eine archaische Form des Gesprächs. Beim Menschen führt er schließlich zum Erwerb des verbalen Austauschs, der Sprache.

Diese These ist weniger spekulativ oder theoretisch, als sie sich anhören mag; ich berufe mich auf ein Experiment, von dem Konrad Lorenz mir erzählt hat[3]. Er konstruierte Attrappen bzw. Lockvögel, die bei Entenküken (Tadorna tadorna) die Folgereaktion auslösen. Er fand, daß diese Folgereaktion zunächst durch die unterschiedlichsten beweglichen Gegenstände ausgelöst werden konnten, die aber rasch ihre Wirkung verloren, gleichgültig, ob sie entenähnlich waren oder nicht. Dann setzte er in das Artefakt einen Mechanismus ein, der den Lockruf der Entenmutter simulierte. Auch das erwies sich auf die Dauer als unwirksam. Erst als ein menschliches Gehirn den Sprechmechanismus betätigte, erst als der Lockvogel auf den Pieplaut des Entenkükens *antwortete*, konnte die Folgereaktion zuverlässig und dauerhaft ausgelöst werden.

Sobald ein solcher Dialog angeboten wurde, kam es nicht darauf

[3] Persönliche Mitteilung.

an, ob die Attrappe entenähnlich war oder nicht. Ich wiederholte das Experiment an Lorenz' Institut mit Hilfe einer viereckigen Schachtel aus hellrotem Plastikmaterial. Sobald ich den eingebauten Entenlaut als Antwort auf das »verirrt« bedeutende Piepen des Entenkükens betätigte, folgte es unfehlbar.

Lorenz glaubt, daß es nicht einmal von ausschlaggebender Bedeutung ist, ob es sich um den auf Band aufgenommenen, echten Entenlockruf handelt. Ich konnte das bestätigen, denn als ich bei einem anderen Experiment den Führungslaut der Entenmutter mit meiner Stimme nachahmte, ohne Attrappe und Tonband, folgten mir die Entenküken eine halbe Stunde lang. Dabei klang meine ungeübte stimmliche Imitation der Entenmutter sicherlich weniger echt als die auf Band aufgenommene Stimme des Lockvogels.

Sogar dieses Beispiel vom Geflügelhof zeigt, daß beim Dialog mehr im Spiel ist als bloße Aktion und Reaktion. Daß der Laut der Entenküken mit »Pfeifen der Verlassenheit« oder kurz »Weinen« bezeichnet wird, hebt die Dominanz des Affekts bei diesem Vorgang hervor. Das Muttertier antwortet auf einen Hilferuf, und die Küken folgen ihr, unwiderstehlich am scheinbar elastischen Faden des Dialogs geführt, der im Laufe der Entwicklung die wärmende Nähe, die primäre Sicherheit, die vom brütenden Vogel auf den Eiern ausging, ersetzt.

Wenn die Rolle des Affekts bei den Vögeln so eindeutig ist, können wir erwarten, daß sie beim Menschen noch viel bedeutsamere, aber auch unendlich reichere Funktionen hat. Affekt und Dialog sind nicht einseitig auf das Kind beschränkt — auch in unserem Geflügelhof-Beispiel ist die Antwort der Entenmutter affektgetönt. Obwohl ihr Führungslaut vom Weinen des Entenkükens ganz verschieden ist, paßt er wie Schlüssel und Schloß zu dem Affekt des Kindes und der des Kindes zu ihrem. Die beiden Affekte greifen in einer beiderseitigen Interaktion ineinander ein.

Ich habe diesen Kreisprozeß von mütterlicher und kindlicher Haltung beim Menschen an anderer Stelle (1962) beschrieben und in klinischem Zusammenhang die mütterliche Haltung als *diatrophisch* bezeichnet (1956); sie ist das Komplement zur Haltung des Säuglings, die Freud (1914) *anaklitisch* nannte. Beide wirken in Verbindung miteinander. Das Konzept der anaklitischen Haltung ist uns bekannt. Die diatrophische Haltung kann am besten beschrieben werden als eine verstärkte Fähigkeit, die anaklitischen Bedürfnisse des Kindes sowohl bewußt wie unbewußt wahrzunehmen und einen Drang zu verspüren, diesen Bedürfnissen abzuhelfen.

Aber das ist ein immer noch viel zu statisches Bild. Wir sollten eigentlich nicht nur von einem Kreisprozeß sprechen, denn das klingt wie etwas Zweidimensionales. Es findet ja auch ein Fortschritt von einem Kreisprozeß zum nächsten statt — man steigt nie zweimal in den gleichen Fluß, wie Heraklit sagt. Und dieser Fortschritt ist nicht nur dreidimensional, er spielt sich auch in einem Zeit-Kontinuum ab. Es ist ein stochastischer Prozeß, in dem die am Dialog beteiligten Gefühle eine hochbedeutsame Rolle spielen.

Ich habe schon an anderer Stelle (1963a) die Behauptung aufgestellt, daß Gefühle eine antizipatorische, vorwegnehmende Funktion haben. Darum passen sie sich so gut in den stochastischen Prozeß des Dialogs ein. Wir können tatsächlich mit Sicherheit annehmen, daß Gefühle die bewegende Kraft sind, die den Dialog in Gang bringen und vorwärts treiben. Das Tätigwerden ist gefühlsbesetzt, desgleichen die Reaktion darauf; die Mengen und Proportionen variieren. Durch die Initiative des Kindes werden in der Mutter Echowirkungen ausgelöst; diese drücken sich in Verhaltensweisen aus, die wiederum ein antwortendes Verhalten im Kind erzeugen usw., wodurch sich immer neue Konstellationen von zunehmender Komplexheit und ständig variierenden Energieverschiebungen ergeben. Eine jede bereitet entweder Befriedigung oder Versagung, und die sich daraus ergebenden Gefühle hinterlassen Spuren in der Psyche und im Gedächtnissystem beider Partner. An dieser Stelle wird ein Aspekt des stochastischen Netzes, das den Dialog charakterisiert, anschaulich[4]. Jede einzelne dieser Spuren modifiziert den nächsten Kreisprozeß, obwohl es ihn nicht unbedingt determiniert; sie modifiziert ihn in der Entstehung, in der

---

[4] Stochastisches Netz: System von Ereignissen, die durch kausale Abhängigkeit untereinander verknüpft sind; an den Knotenpunkten ist zwar das nächstfolgende Ereignis nicht unwandelbar vorherbestimmt (wie im klassischen Konzept von Ursache und Wirkung), aber es besteht eine gewisse Wahrscheinlichkeit, daß es eintritt (English und English 1959).

Form, in der Struktur, im Verlauf oder im Weg, den er zu seinem Ziel nimmt, und trägt so zur rasch zunehmenden Komplexheit des Dialogs bei.
Die Zeitdimension tritt aus mehreren Quellen zur Evolution des Dialogs hinzu, am sichtbarsten natürlich durch den kontinuierlichen, vorherbestimmten Reifungsfortschritt.
Die anderen Quellen sind längst nicht so vorhersagbar. Es sind erstens die sich ansammelnden Gedächtnisspuren aus den Erfahrungen des Lebens. Ein anderer Aspekt der Zeitdimension ist die lagenweise Speicherung von Gedächtnisspuren in den Mneme-Systemen. Das läßt sich nicht nur durch psychologische (psychoanalytische) Untersuchungen zeigen, es ist auch ein schlichtes Faktum alltäglichen Erlebens. Und doch wissen wir nicht, wie und in welcher Form eine Zeitabfolge unserem Gedächtnis einverleibt, und ebensowenig, in welcher Form sie über lange Zeiträume behalten und später wieder ans Licht gebracht werden kann.

So stellte auch Lashley (1951) beim Hickson-Symposium fest: »Vor fast 40 Jahren schrieb Becher (1911): ›Es gibt keine physiologische Hypothese, die die Ursprünge und Beziehungen der Zeitlichkeit im seelisch-geistigen Leben erklären könnte; es gibt nicht einmal eine Hypothese, die die Möglichkeit einer solchen Erklärung ahnen ließe.‹ Die Situation ist heute kaum besser.«
In seinem anregenden Vortrag legte Lashley einige Gedanken vor, die möglicherweise geeignet sind, ein Modell des Funktionierens zeitlicher Formen im psychischen Leben zu konstruieren. »Es ist jetzt praktisch sicher, daß alle Zellen der Achse Gehirn—Rückenmark ununterbrochen von nervösen Impulsen verschiedener Herkunft bombardiert werden und ihrerseits regelmäßig, möglicherweise selbst im Schlaf, Impulse aussenden ... Ich komme mehr und mehr zu dem Schluß, daß *die Rudimente jeglichen menschlichen Verhaltensmechanismus weit unten auf der Evolutionsskala zu suchen sind* und sich gerade in den einfachsten Leistungen der Nervensystems darstellen.« Lashley schließt: »Alles uns zur Verfügung stehende Beweismaterial deutet auf ein dynamisches, ununterbrochen aktives System oder eher ein Kompositum von vielen miteinander in Wechselwirkung stehenden Systemen hin, die ich auf primitivem Niveau durch *Rhythmus* und Raumkoordinaten zu skizzieren versucht habe.« (Hervorhebungen durch R. Sp.). In der Diskussion wurde Lashleys Konzept durch Paul Weiss erweitert; er sagte: »... Das zentrale Nervensystem funktioniert nach einem hierarchischen System ... Was herauskommt, ist das Ergebnis dieses hierarchischen Hinableitens von Entstellungen und Modifikationen der innerseelisch vorhandenen präformierten Erregungsmuster ... Die Struktur dessen, was hineingegeben wird, erzeugt keineswegs die Struktur dessen, was herauskommt, son-

dern modifiziert nur Nerventätigkeiten, die ihre eigene strukturelle Organisation haben. Das ist durch Beobachtung und Experiment erwiesen.«
Von Holsts Experimente liefern uns meiner Meinung nach (und wohl auch nach Lashleys Meinung, da er ihn erwähnt) einige der oben genannten rhythmischen Schemata. Von Holst arbeitete mit Fischen, Hühnervögeln und Fliegen, also Tieren, deren Nervensystem auf einer relativ niedrigen Ebene psychischer Integration funktioniert. Das ist, glaube ich, der Grund, warum v. Holst etwas über das Funktionieren von Rhythmen und Raumkoordination auf niedrigem Niveau in Erfahrung bringen konnte; das gleiche gilt für Weiss, der mit ebensolchen Tieren arbeitete.

Auch hinsichtlich der Frühkindheit haben wir es mit psychischen Prozessen auf einer relativ niedrigen Integrationsebene zu tun. Sie stellen die Rudimente, Prototypen oder Vorläufer der sich aus ihnen entwickelnden menschlichen Verhaltensmechanismen und Funktionsweisen dar. Daher kann die sorgfältige Beobachtung der Vorform des Dialogs in der Frühkindheit Licht auf die Entstehung, Struktur und Funktionsweise der späteren Seelentätigkeit einschließlich des Umgangs mit dem Zeitmodus werfen. Beim gegenwärtigen Stand unseres Wissens von der Psyche haben wir jedoch noch keine annehmbaren Formulierungen über die Art und Weise dieser Entwicklung vorzulegen; das gilt übrigens auch für die Neurologen. Ein weiterer Aspekt der Zeitdimension ist eine Grundeigenschaft des Dialogs, nämlich sein prospektiver Charakter. Die Erwartung, daß etwas geschieht, ist das wahre Wesen des Dialogs. Wie ich jedoch schon in einer früheren Arbeit (1963b) feststellte, kann nur das Lebewesen einen Dialog aufnehmen, die Initiative dazu ergreifen oder auf ihn antworten und ebenso Initiative erwarten. Das Unbelebte handelt weder, noch reagiert es, es ist nur da. Jegliche auf es gerichtete Initiative enthüllt seine Leblosigkeit, denn es kommt nicht zu dem Aktions-Reaktions-Austausch, und der Kreisprozeß bleibt aus. So ist es das Aufnehmen des Dialogs, an dem das Kind das Lebendige vom Unbelebten zu unterscheiden lernt.
Aus der Tatsache, daß das Kind das Lebende dem Unbelebten vorzieht, schlossen wir, daß das Feedback des lebendigen Partners als eine Befriedigung erlebt wird, obwohl diese Aussage in einem weiteren Sinne verstanden werden muß. Die Austauschvorgänge mit dem lebenden Partner sind sowohl befriedigend als auch frustrie-

rend, erwecken sowohl Libido als auch Aggression. Am Dialog, am Kreisprozeß von Aktion und Reaktion testet das Kind, ob etwas, das es sieht, lebendig ist oder nicht.

Diese Probe zeigt einer unserer Filme auf sehr eindrucksvolle Weise. Ein zwölf Monate altes Kind bekommt eine fast gleich große Puppe. Es starrt sie erstaunt aus allen Blickrichtungen an, neigt ihr dann das Gesicht zu und stößt die Puppe mit dem Kopf an, lehnt sich wieder zurück und starrt sie wieder an. Als die Puppe nicht reagiert, beginnt das Kind zu weinen und Angst zu zeigen.

Diese Szene, so kurz sie ist, ist äußerst aufschlußreich. Das Kind ist beim Anblick der Puppe über etwas erstaunt, das über seine bisherige Erfahrung hinausgeht. Es sieht etwas, das aussieht wie ein kleines Kind, angezogen ist und dasteht wie ein Kind. Aber irgend etwas ist seltsam. Was ist es? Und nun unternimmt das kleine Mädchen etwas, um herauszufinden, was mit diesem seltsamen Ding los ist. Es versucht, einen Dialog (oder besser, einen Dialog-Vorläufer) aufzunehmen und scheitert, denn das seltsame Ding antwortet nicht wie ein Kind.

Das kleine Mädchen beweist eine natürliche Werkzeugintelligenz: es benutzt die wenigen ihr zur Verfügung stehenden Werkzeuge, die Aktion-Reaktion-Folge des Dialogs, zur Realitätsprüfung. Leser, die ablehnen möchten, daß man den Dialog oder seine Vorläufer als Werkzeug bezeichnet, seien daran erinnert, daß Aristoteles die Sprache *organon*, Instrument, nannte, und daß Karl Bühler (1934) die »Werkzeugtheorie« der Sprache aufstellte.

Gleichzeitig zeigt das Vorgehen dieses zwölf Monate alten Kindes, wie der Aggressionstrieb funktioniert. Das Kopfstoßen liegt etwa zwischen dem Anfassen, einer taktilen Erforschung, dem Schlagen, einer Manifestation des Aggressionstriebes, und dem Küssen, einer Manifestation des libidinösen Triebes. Ich werde noch auf eine andere Bildfolge desselben Films zurückkommen, in der diese Behauptung noch weiter erklärt wird.

Das Lebendige und das Unbelebte unterscheiden sich vor allem hinsichtlich der Möglichkeiten, die sie für die Triebbetätigung und Triebabfuhr nach außen bieten. Dabei eignet sich das Unbelebte besonders für die Abfuhr großer Aggressionsmengen.

Wenn ich vom Aggressionstrieb spreche, so meine ich, wohlverstanden, nicht Feindseligkeit. Diese ist zielgerichtet und spezifisch:

Aggression ist das nicht. Die Abfuhr des Aggressionstriebes erfordert keine *spezifische* Handlung, sie bleibt hinsichtlich ihres Ziels häufig unspezifisch und zufällig, auch wenn die Handlung als solche intentional und gerichtet ist. So sehen wir, wie das Kleinkind gegen Ende des ersten Lebensjahres unbelebte Gegenstände schlägt, daran knabbert, sie zerbricht und wegwirft, und da diese Gegenstände nicht reagieren, nicht Vergeltung üben, geht die Betätigung weiter, bis der betreffende Gegenstand zerstört ist, dem Kind weggenommen wird oder die verfügbare Energie ermüdet. Auch die Erforschung des Unbelebten fällt unter diese Kategorie, und auch hier erlaubt die Reaktionslosigkeit des Gegenstands die praktisch unbegrenzte Fortsetzung der Forschertätigkeit. Man hat argumentiert, daß diese Akte nur der Spannungsreduktion dienten. Ich möchte diese Bezeichnung lieber für diejenige Phase im Leben des Kleinkindes reservieren, wo alle Betätigung noch zufällig und von keinem inneren Spannungszentrum gelenkt erfolgt. Demgegenüber muß jeder Beobachter eines einjährigen Kindes von der Tatsache beeindruckt sein, daß seine Aktivitäten bereits von einer leistungsfähigen, weit über die Grenzen des Körper-Ichs hinausgehenden Ich-Organisation gesteuert werden. Ich halte es daher für nicht richtig, diese willentlichen Handlungen nur als Spannungsreduktion zu bezeichnen; natürlich reduzieren sie auch Spannung, aber das gilt ebenso für alle späteren ichgesteuerten Aktivitäten.

Die meisten Handlungen, die das Kleinkind am unbelebten Gegenstand vornimmt, bleiben auf sehr archaischem Niveau, eben weil dieser nicht antwortet und alle Initiative beim Kind verbleibt. Das engt natürlich das Potential für ein stochastisches Netz ein oder hebt es sogar gänzlich auf. Die vom Unbelebten ausgehenden Möglichkeiten sind eben sehr begrenzt und letzten Endes unbefriedigend. Ein Dialog kann aus den Beziehungen des Kindes zum Unbelebten jedenfalls nicht hervorgehen. Alles, was es mit dem Ding anfangen kann, ist die Abfuhr begrenzter Beträge von Triebenergie. Auch hierfür sind Schranken gesetzt, die in dem Gegenstand selbst liegen: im besten Falle nimmt die Betätigung des Kindes mit der Zerstörung oder dem Verschwinden des Dinges ein Ende. Für die restlichen oder für neu entstehende Beträge von

Triebenergie ist damit die Abfuhrmöglichkeit aufgehoben. So trägt das Unbelebte schon die Saat der Unlust in sich, denn wenn der Aggressionstrieb nicht mehr nach außen abgeführt werden kann, erzeugt er innere Spannungen, die von den bekannten Stimmungen von Langeweile, Ärger, Ratlosigkeit bis zu ernsteren Symptomen reichen.

Wie anders sind dagegen die Beziehungen zum lebenden Partner! Beide, der libidinöse wie der aggressive Trieb, sind voll beschäftigt. Der lebende Partner ist nicht nur passives Ziel für Triebentladung. Wenn ich soeben unterstrich, daß das unbelebte Ding sich besonders für die Abfuhr von Aggression eignet, sagte ich damit zugleich, daß es für die Abfuhr des libidinösen Triebes relativ schlecht geeignet ist. Das ist so offenkundig, daß man es gar nicht in Frage stellt.

Es erfordert eine erhebliche psychische Leistung, das unbelebte Ding mit einem Anschein von Objektattributen zu begaben. Wenn dies geschieht, wird aus dem Ding ein Übergangsobjekt (Winnicott 1953). Es ist jedoch sehr wahrscheinlich, daß bei der Entstehung von Übergangsobjekten noch ein anderer Vorgang am Werke ist, nämlich ein archaischer Konditionierungsmechanismus. Denn das Übergangsobjekt ist in der Tat ein Übergang, da es an beiden Welten teil hat, der archaischen Welt der bedingten Reflexe und der ich-gesteuerten der Objektbeziehungen, also der Psyche.

Unter den unbelebten Gegenständen hat das Übergangsobjekt eine einzigartige Stellung — es ist eine Zeitlang bevorzugtes Ding in der Welt des betreffenden Kindes. Im großen und ganzen sind die unbelebten Dinge jedoch nicht derartig privilegiert. Es können sowohl große *Beträge* der Aggression an ihnen abgeführt werden, jedoch keine nennenswerten Mengen libidinöser Triebenergie. Es scheint, daß für die Abfuhr des libidinösen Triebes doch die Wechselseitigkeit maßgeblich ist — trotz des Heiligen Franziskus, der das Feuer seinen Bruder und das Wasser seine Schwester nannte. Der lebendige Partner kann nicht nur auf die aggressive oder libidinöse Initiative des Kindes positiv oder negativ antworten: er tut viel mehr, er ergreift selbst die Initiative und nimmt das Kind zum Ziel. Und indem wir ihn Partner nennen, haben wir schon angedeutet, daß er im Dialog der Gegenspieler des Kindes ist. Das stochastische Netz bietet dem Kind unerschöpfliche Quellen zu immer neuen, stimulierenden Abfuhrwegen der libidinösen wie der aggressiven Triebenergie, Gelegenheiten, diese Abfuhren auszubauen, sie zu bändigen, sie ich-synton zu machen und sie so zu modulieren, daß das Kind in Form emotionaler Befriedigung Gewinn aus dem Dialog ziehen kann.

Das komplizierte, subtile Wechselspiel der Triebe des Kindes mit der Persönlichkeit und Triebstruktur des lebendigen Partners, ihre Befriedigung innerhalb des Dialogs erlauben dem Kind und regen es an, Wege der Triebabfuhr zu entdecken, die oft lustbereitend sind.

Auf diese Weise scheint der Dialog eins der Instrumente zu sein, deren sich die innerseelischen Vorgänge bedienen, um die Triebe im Rahmen der Objektbeziehungen lenkbar zu machen. Wann und wo beginnt das? Es kann kein Zweifel darüber bestehen, daß die Dialog-Vorläufer ihren Ursprung in der Stillsituation haben. Hier finden wir beim Menschen die ersten Geschehnisse, die die Entwicklung der schließlich zur verbalen Kommunikation und Diskussion führenden Mittel und Wege ankündigen, wie ich in meinem Buch »Nein und Ja« (1957) zu zeigen versuchte. Ich habe dort auch Beweismaterial zur Stützung meiner These vorgelegt, daß diese Wege phylogenetischen Ursprungs sind.

Es ist nun interessant und belehrend, sich klarzumachen, daß die Eignung des Unbelebten für die Abfuhr von Aggression unverändert bis ins Erwachsenenleben hinein fortbesteht, wo wir angeblich rational handeln. Inzwischen hat das Menschenkind allerdings sprechen gelernt, und die Sprache erlaubt ihm, Handeln durch Diskussion zu ersetzen — eine entscheidende Errungenschaft. Haben wir nicht kürzlich hinsichtlich einer sich endlos in die Länge ziehenden Verhandlung gehört: »Solange sie noch reden, wird nicht geschossen«? Und ist nicht dies der Sinn der endlosen Reden der Helden Homers, bevor sie zu Schwert und Lanze greifen? Oder der sich selbst rühmenden, prahlerischen Tiraden der Häuptlinge primitiver Stämme, bevor der Kampf beginnt?

Wohl haben wir gelernt, zu reden statt zu handeln. Wenn aber die Diskussion sich erhitzt, hauen wir mit der Faust auf den Tisch und meinen damit unverkennbar unseren Gegner und nicht das unbelebte Holz. Aber was hat das mit der Phylogenese zu tun? Auch die Ethologen haben ein verblüffend ähnliches Verhaltensmuster bei Tieren entdeckt, das sie bisher vor allem in der Konfliktsituation zwischen dem Begattungs- und dem Angriffsdrang untersucht haben. Nur zwei der bekanntesten Beispiele: Wenn das Seemöven-Männchen einem Weibchen den Hof macht, wendet es, das Männchen, sich ab und reißt mit dem Schnabel ein Grasbüschel aus; der balzende Reiher wendet den Kopf zur Seite und hackt nach einem Stein. Danach nähern sich beide Vögel dem Weibchen. Die Bedeutung dieses Verhaltens ist ganz klar; die Vorbereitungshandlungen zum Kampf zwischen zwei Tieren der gleichen Art bestehen in einer spezifischen Verhaltensweise, die Lorenz *Imponierverhalten* nennt. Es ist ein Drohen, Sich-Brüsten, Sich-zur-Schau-Stellen, das dazu dienen soll, den Gegner mit seiner Größe, Kraft und Angriffsabsicht einzuschüchtern. Dies scheint auch die Möve mitteilen zu wollen: sie reißt ein Grasbüschel aus und meint die Federn des Gegners. Das demonstriert auch der Reiher, wenn er nach einem Stein statt nach seinem Feind hackt. Der Überlebenswert solchen Verhaltens ist groß, denn häufig kehrt sich einer der Opponenten nach einem solchen, das Gesicht wahrenden Manöver ab und überläßt das Feld dem anderen.

Diese Verhaltensweisen sind artspezifisch. Sie werden durch die Annäherung eines männlichen oder weiblichen Individuums der gleichen Art ausgelöst, und dadurch ist das Drohverhalten auch zum Bestandteil des Balz- und Kopulierverhaltens geworden. In der Sprache der Ethologen ist das Ausreißen eines Grasbüschels statt der Federn des Feindes eine »Übersprungshandlung«, die in der sexuellen Situation ritualisiert erscheint. Der Konflikt liegt zwischen der Angriffsreaktion gegen jegliches andere Individuum derselben Art und der Kopulierreaktion gegenüber dem Weibchen derselben Art.

Der Aufbau dieses Verhaltens zeigt eine gewisse Ähnlichkeit mit unserem Auf-den-Tisch-Schlagen statt den Gegner zu schlagen. Aber die Parallele ist fast peinlich, wenn wir hören, daß das Gorilla-Männchen, wenn ein Gegner seine Wut erregt hat, sich aufrichtet und mit den Fäusten auf seine Brust zu trommeln beginnt,

bevor es angreift. Hier liegt der Konflikt nicht zwischen dem Angriffs- und dem Kopuliertrieb, sondern zwischen Angreifen und Flucht. Und gerade dies ist der Konflikt, der auch uns veranlaßt, auf den Tisch zu schlagen, wenn der Streit heftig wird; der gleiche Konflikt veranlaßt auch die Helden Homers, bombastische Drohreden zu halten und zugleich mit den Lanzen an die Schilde zu schlagen — es ist der Konflikt zwischen dem Drang anzugreifen und der Furcht vor dem Gegner. Solange wir noch die Schilde schütteln, solange wir noch mit der Faust auf den Tisch schlagen, solange wir noch reden, wird noch nicht geschossen; der Dialog ist noch im Gange — und wir sind sicher.
Einer der Filme des vorhergenannten zwölf Monate alten Kindes vermittelt eine bemerkenswerte Illustration eines Übersprungverhaltens in einer Konfliktsituation.

Es handelt sich um ein Mädchen, einem von zwei identischen Zwillingen, 0; 11 + 26 Jahre alt. Die Kleine steht in einem Gitterbett, die Schwester rechts hinter ihr. Wieder wird ihr die große Babypuppe gereicht, worauf die Schwester zu weinen beginnt. Unsere Kleine zeigt nun ein außerordentlich ausdrucksvolles Mienenspiel, fast eine Pantomime. Sie blickt die große Puppe forschend an. Dann sieht sie sich nach ihrer weinenden Zwillingsschwester um. Ihr Blick schweift zwischen Puppe und Schwester hin und her. Sie scheint sie zu vergleichen. Dann beugt sie sich vor und berührt die Puppe mit den Lippen. Darauf wendet sie den Kopf nach links, blickt über die linke Schulter ihre Schwester an, beugt sich vor und berührt diese wie zu einem Kuß mit den Lippen. Sie wendet sich wieder der Puppe zu, blickt sie forschend an. Wieder beugt sie sich vor und berührt die Puppe ein zweites und drittes Mal mit den Lippen. Zum Schluß wendet sie sich von der Puppe weg nach der anderen Seite, dem Geländer ihres Bettchens zu, berührt es mit den Lippen und vollführt ein paar tentative Beißbewegungen an diesem.

Ich meine, daß der Konflikt, die Verwirrung, der Versuch eines nicht-verbalen Dialogs zwischen Puppe und Schwester hin- und herschweifend, ganz dramatisch sichtbar wird. Das schließliche Wegwenden und in das Geländer-Beißen stellt ein Übersprungsverhalten dar, das mit dem der Möven und Reiher praktisch identisch ist. Es kann kein Zweifel daran bestehen, daß dieser sehr elementare Dialogvorläufer einen Versuch darstellt, mit dem libidinösen Trieb, dem aggressiven Trieb und einem Angstpotential fertigzuwerden. Das gleiche findet natürlich auch beim Dialog statt, sei es der Vorläufer oder der verbale Dialog, der zwischen dem Kind und seinem libidinösen Objekt, der Mutter, hin- und hergeht. Aber die Mutter erlaubt keine uneingeschränkte Abfuhr der Aggression; sie verlangt, und da sie erwachsen ist, verlangt sie mit Erfolg, daß das Kind seine Aggression in erträglichen Grenzen hält, und das gleiche gilt auch für den libidinösen Triebwunsch. Sie lehrt das Kind durch altersgemäße Erziehungsmittel, die ihm den Kompromiß erleichtern — also den Kuchen zu essen und ihn doch zu behalten —, den Trieb in einer sozial annehmbaren Weise abzuführen. Sie erreicht das nicht nur durch Druck, Verbot und Belehrung, mit anderen Worten, durch den zwischen ihr und dem Kind fortlaufend geführten Dialog; sie erreicht es auch, indem sie dem Kinde hilft, seinen Triebdruck zu reduzieren, so daß es lernt, sich gegen angsterweckende Situationen zu schützen. Letztere entstehen, wenn der Triebdruck die Ich-Integrität bedroht. In dieser frühen Phase ist das Ich zwar noch relativ hilflos; aber das Kind strebt danach, sich die neue, vom Ich geschaffene und gesicherte, lustvolle Errungenschaft seiner Autonomie zu erhalten.

Der Dialog wird somit zu einem immer wirkungsvolleren Werkzeug. Mit seiner Hilfe kann das Kind Triebbefriedigungen erreichen, die es durch Handlung nicht erreichen kann. Aber der Dialog erlaubt ihm auch Versagungen, Hilflosigkeit, Angst zu vermeiden, die im Kielwasser mancher Formen von Triebabfuhr entstehen würden.

Der Dialog umfaßt natürlich nicht die Gesamtheit der Objektbeziehungen. Ich habe nicht vor, einen neuen Begriff zu prägen, der den Begriff der Objektbeziehungen ersetzen soll. Der Objektbeziehungsbegriff ist schwer zu beschreiben und ganz zu erfassen. Mein Terminus »Dialog« hat den Zweck, wenigstens einen Teil dieses recht abstrakten Begriffs faßlich zu machen, so faßlich, wie es alle unsere täglichen Unterhaltungen, Gespräche, Dispute sind. Der Dialog ist nur eine Seite der Objektbeziehungen; er ist ihr konkreter, sichtbarer Teil und gleichzeitig ihr Instrument. Die Objektbeziehungen bedienen sich des Dialogs zu ihrer Ausübung.

Ich übersehe nicht, daß die wichtigsten Aspekte der Objektbeziehungen die innerpsychischen Vorgänge sind, das sprachlose Wogen, Ebbe und Flut der intersystemischen Besetzungen, die Strukturbildung usw.

Wo in diesem Bilde ist der Platz für die Unterhaltung des zwölf bis achtzehn Monate alten Kindes mit unbelebten Objekten bei seinen ersten Rollenspielen[5]? In diesen Gesprächen ist der Partner imaginiert. Gespräche mit imaginierten Partnern können aber nicht stattfinden, wenn sie nicht einem Original nachgebildet wären, und ein solches Originalgespräch kann nur ein Dialog sein, der in Wirklichkeit mit dem lebendigen Partner stattgefunden hat.

So muß der Dialog-Vorläufer zwischen Kind und lebendem Partner unabdingbar jeder sinnhaltigen Beziehung zum Lebenden vorausgehen. Noch unerläßlicher ist das für den imaginierten Austausch mit dem Unbelebten. Diese Behauptung bedarf keines Beweises; es versteht sich von selbst, daß das Neugeborene ein breites Band von Beziehungen zu seiner Mutter hat, lange bevor es seine Aufmerksamkeit irgendeinem unbelebten Objekt zuwendet. Wie wir gezeigt haben, haben diese Beziehungen zur Mutter die Form des Dialog-Vorläufers.

Für diese Behauptung besitzen wir eine gewisse Bestätigung quantitativer Art. Die verstorbene Katherine M. Wolf hatte immer behauptet, daß mangelhafte Objektbeziehungen sich ungünstig auf den Entwicklungsquotienten im *Sektor der Handgeschicklichkeit*, also der Fähigkeit, Dinge manuell zu handhaben, auswirken (persönliche Mitteilung). Wir konnten diese Behauptung durch direkte Beobachtung und die in der Arbeit über Hospitalismus beschriebenen Entwicklungstests bei Kindern bestätigen (Spitz, 1945, 1946 a).

Im Sinne der in der vorliegenden Arbeit aufgestellten Behauptungen läßt sich schließen, daß während des ersten Lebensjahres das Kind mit den unbelebten Dingen so umgeht, d. h. sie so handhabt, als wollte es einen Dialog mit ihnen aufzunehmen versuchen. Man könnte es als Fortsetzung des Dialogs mit dem lebendigen Partner, jedoch am ungeeigneten Objekt bezeichnen. Etwas Ähnliches war schon sichtbar, als wir darüber sprachen, daß das Kind unbelebte

[5] Von Charlotte Bühler (1928) eingeführter Terminus für die sinnbezogene, bedeutungserfüllte Funktion, die sich der Nachahmung bedient, etwa vom Alter 0; 10 ab.

Dinge zur Abfuhr von Aggression benutzt. Das allein reicht jedoch nicht aus, damit sich ein Dialog mit dem Unbelebten entwikkelt, denn die an Hospitalismus erkrankten Kinder erreichen nicht einmal diese Phase des Beißens, Schlagens, Fortwerfens oder Zerstörens des unbelebten Objekts, d. h., sie erreichen weder einen Dialog mit dem lebenden Partner noch das Gegenstück dieses Dialogs mit dem Unbelebten. Ferner fällt dem mit den Verhaltensweisen dieser affekt-frustrierten Kinder vertrauten Beobachter die Aktivität (soviel davon vorhanden ist) auf, die die Beziehungen zum lebenden Partner und das (aggressive oder sonstige) Spiel mit Spielsachen ersetzt. Wir beobachteten, wie häufig diese Kinder stundenlang winkende Bewegungen mit Händen, Fingern, Füßen und Zehen vollführen und sie wie gebannt anstarren.
Auch andere Beobachter von Kleinkindern haben darüber geschrieben, z. B. erwähnten Lebovici und McDougall (1960) ein solches Verhalten in der Anamnese eines schizophrenen Knaben, den sie behandelten. In der Säuglingszeit hatte dieses Kind eine emotionale Mangelsituation erlebt. Gegen Ende seines ersten bis weit in das dritte Lebensjahr hinein hatte er nie mit Spielsachen gespielt, sondern immer nur »fasziniert seine Gliedmaßen angestarrt«. Man fragt sich, ob solche Kinder die Dialog-Vorläufer, die sie hatten entbehren müssen, durch einen Dialog ersetzen, den sie mit ihren Gliedmaßen führen, besonders mit den Händen und Fingern, die sie auf merkwürdig drehende, windende Weise bewegen. Diese Annahme bestätigte sich bei einer Durchsicht unserer Filme: man sieht dort, wie die an Hospitalismus leidenden Kinder die Lippen bewegen, während sie ganz absorbiert auf ihre Fingerbewegungen starren.
Dieses Verhalten (jedoch mit ganz anderem, positivem Charakter und nicht so extrem und ausschließlich) ist beim drei- bis viermonatigen Kind ein normaler Zug seines Verhaltensrepertoires (Rheingold 1956; C. Bühler 1937). Aber was mit vier Monaten normal ist, gehört nicht mehr an das Ende des ersten Lebensjahres, sollte dann vielmehr weit zurückliegen. Wenn dieses Verhalten zur einzigen Aktivität eines acht bis fünfzehn Monate alten Kindes wird, bekommt es eine sehr andere, unheilvolle Bedeutung (David und Appel 1961, Spitz 1957).

Gegen Ende des ersten Lebensjahres wird das normale Kind gegenüber den unbelebten Objekten aggressiv-aktiv. Es beißt darauf, kaut an ihnen, hämmert mit ihnen auf die Unterlage, wirft sie weg. Das tun die Hospitalismus-Kinder nicht; sie liegen lustlos, an keinerlei Aktivität interessiert in ihren Bettchen. Für ihre Unfähigkeit, dem Aggressionstrieb irgendwelche Manifestationen zu verleihen, gibt es ein interessantes Gegenstück bei den Kindern, die erst unter einer anaklitischen Depression gelitten, dann von ihr genesen waren und überaktiv wurden. Nach solchen Genesungen beobachteten wir, daß massive, nach außen gewendete Manifestationen des Aggressionstriebes ungewöhnlich häufig und heftig auftraten. Die betreffenden Kinder richteten destruktive Aktivität sowohl gegen Dinge als auch gegen andere Kinder. So zerfetzten sie z. B. ihre Kleider und Bettücher. Wenn sie mit anderen Kindern zusammen waren, fingen sie an, sie zu beißen oder ihnen die Haare büschelweise auszureißen. Wir beobachteten ein Kind, das so lange am Fußrücken eines Spielkameraden zupfte, bis es tatsächlich ein Stück Haut abgerissen hatte. Es schien, als ob diese Kinder bei ihrem aggressiven, destruktiven Tun kaum einen Unterschied zwischen Belebtem und Unbelebtem machten. Das war zu erwarten; waren es doch Kinder, die von ihren Müttern getrennt und dadurch von der Möglichkeit abgeschnitten worden waren, den Dialog auszubilden, durch den sie, wie oben erklärt, normalerweise die Mittel erworben haben würden, ihre Triebe zu zähmen und zwischen Lebendem und Unbelebtem zu unterscheiden.

Diese Beobachtungen stützen sowohl Katherine M. Wolfs Behauptung als auch meine These, daß der Dialog-Vorläufer mit einem lebenden Partner jeglichem Dialog mit Unbelebtem voraufgehen muß. Das kann man auch an den Rollenspielen der Kinder erkennen, die fast ausschließlich aus von Erwachsenen entlehnten Gesten und Reden bestehen. Sehr häufig sind die Gesten, ist das ganze Spiel deutlich als gerichtete Kommunikation gemeint.

Wir besitzen zum Beispiel einen bezaubernden Film von einem fünfzehn Monate alten Mädchen, das ein Paket Papierwindeln auf den Arm nimmt, damit im Spielzimmer von Kind zu Kind geht und jedem wortlos eine Windel reicht. Ab und zu aber macht es dabei eine kleine Verbeugung und lächelt. Es ist eine sehr vielsagende kleine Pantomime, nämlich eine nicht-verbale Form des Dialogs, die Einleitung einer Unterhaltung mittels eines Geschenks und einer Geste. Offenbar findet die Identifizierung hier nur mit der *Geste* des Erwachsenen statt, denn die Kleine verteilte ihre Papiertücher ohne Unterschied auch an die Schwester und an mich. Auf einem anderen unserer Filme wählt das Kind an seinem Spieltelefon und »spricht«, d. h. plappert in den umgekehrt gehaltenen Hörer hinein, wobei es zwischendurch immer wieder zum Beobachter aufschaut. Es ist deutlich, daß es sich hier um einen Übergang vom nicht-verbalen zum verbalen Dialog handelt. Ein Teil der Gesten ist schon zu Worten, das Fleisch ist Geist geworden.

Es ist (nach dem Erwachsenenmaßstab!) nur ein kurzer Schritt von diesem Punkt zum verbalen Dialog — im ganzen braucht er drei Monate. Denn während des ersten Viertels des zweiten Lebensjahres besteht der Wortschatz des Kindes erst aus einer Sammlung von »globalen« Wörtern, die in der Hauptsache der »Kundgabe« und »Auslösung« im Sinne K. Bühlers (1934) dienen[6]. In den folgenden drei Monaten werden diese globalen Wörter zu zwei- und mehrwortigen Sätzen zusammengefügt.

---

[6] Der Schritt, der die Zeit der globalen Wörter beendet (der Periode, während welcher der Dialog in den Rollenspielen vom Kind selbst eingeleitet wird), ist genauso bedeutsam. Ich habe mein Konzept der Organisatoren der Psyche und der kritischen Entwicklungsperioden in dieser Diskussion nicht einführen wollen. Das Organisator-Konzept gehört zu einer recht weitreichenden Diskussion. Es beruht auf einer sowohl die Evolution als auch die Entwicklung umfassenden Verallgemeinerung. Die Daten, die wir über die Entwicklung der Spache besitzen, sind noch relativ gering und genügen vielleicht noch nicht, um den ziemlich engen Bezugsrahmen der Sprachentwicklung mit dem viel weiteren der Aufeinanderfolge, Struktur und Funktion der Organisatoren in Beziehung zu setzen. Umgekehrt ist es legitim, die Schritte in der Sprachentwicklung mit den Stadien von Piagets (1936) Reversibilitätstheorie zu verknüpfen, denn beide gehören zur gleichen Ebene der Konzeptualisierung.
Ich bin überzeugt, daß zwischen Piagets Reversibilitätsstadien und den aufeinanderfolgenden Organisatoren der Psyche eine enge Beziehung besteht. Ein Beispiel hierfür ist weiter oben beschrieben worden: wenn das Kind anfängt, globale Wörter zu benutzen und einen semiverbalen Dialog zu führen, hat es Piagets fünftes Stadium der Reversibilität erreicht, das Stadium nämlich, in welchem das Kind imstande ist, den Test mit dem eingewickelten zweimal versteckten Gegenstand zu lösen. Im Bereich der semantischen Entwicklung ist dies die Stufe des dritten Organisators der Psyche; der Indikator dieser Stufe ist das Erscheinen der »Nein«-Geste im kindlichen Verhaltensrepertoire.

Mit etwa achtzehn Monaten hat das Kind rund zwanzig solcher globaler Wörter gesammelt; aber es kann sie nur in begrenztem Umfange gebrauchen, weil es noch keine grammatikalischen Verbindungen kennt. Durch die Grammatik treten räumliche und zeitliche Bezüge in der Sprache ein; solange diese noch fehlen, ist die Kommunikation nur skizzenhaft. Aber das ist, wie Kipling sagt, eine andere Geschichte.

Nach dem achtzehnten Lebensmonat entwickelt das Kind, von seiner Sammlung globaler Wörter ausgehend, seine eigene Grammatik und Syntax und beginnt, in seine Sprache grammatikalisch-syntaktische Kategorien einzuführen. Das erweitert die Kommunikation ganz enorm, der Dialog unterscheidet deutlich Menschen von Zuständen und Gefühlen, die Menschen voneinander und die Menschen von den Dingen. Ferner fügt das Kind seinem Wortschatz auch Wörter für Personen, Dinge und Zustände hinzu, Wörter, die es oft selber schöpft.

Clara und Wilhelm Stern (1927) erwähnen eine charakteristische Unterhaltung in diesem Stadium: Peter, fast zweijährig, sieht zum ersten Male, wie Schnee fällt, wird sehr aufgeregt und ruft: »Kiok, Kiok!« Die Mutter belehrt ihn, daß man dies Schnee nennt, worauf er sehr energisch antwortet: »Peter, Kiok!«, womit er andeutet, daß er die Erscheinung Kiok und nicht Schnee zu nennen gedenke.

Dies zeigt auch den Beginn einer verbalen Diskussion in semigrammatikalisch-syntaktischer Form. Worauf es uns hier ankommt, ist die Tatsache, daß diese Errungenschaft nur durch das Instrumentarium von Rede und Gegenrede mit einem lebenden Partner zustande kommen kann. Dagegen sind die Gespräche, die das Kind in der ersten Hälfte des zweiten Lebensjahres mit seinen Spielsachen führt, natürlich absolut unilateral und die Widerrede rein imaginär. Solche Gespräche stellen Identifizierungen mit der verbalen *Gestik* der Erwachsenen dar.

Jetzt kommen wir zu dem Schlüsselproblem »Sprache gegen Handlung« und seiner Bedeutung für die Unterscheidung zwischen Belebtem und Unbelebtem.

Angesichts des nun verfügbaren Beweismaterials halten wir es für fraglich, ob irgendwelche verbalen Kommunikationen des Kindes in jenem Alter — ich meine den Beginn des zweiten Jahres — anderes darstellen als bloße Phantasie-Unterhaltungen, selbst wenn sie direkt an einen Erwachsenen gerichtet sind. Es ist ebenso fraglich, ob das Kind in diesem Stadium in seiner eigenen »Unterhaltung« eine Unterscheidung zwischen den Kategorien Sprache und Geste macht. Dementsprechend hat es in seinem *verbalen* Verhalten noch kaum begonnen, das Belebte vom Unbelebten zu unterscheiden.

Im Gegensatz dazu ist es außer Zweifel, daß im Bereich des Tuns eine solche Unterscheidung vom Kind schon viel früher gemacht worden ist. In dieser Diskussion wollen wir unterscheiden zwischen Handeln, einem neuro-muskulären Verhalten mit unmittelbar alloplastischen Zielen, und Gestik, die den unmittelbaren Zweck des Bedeutens, der Darstellung hat. Vom Standpunkt der verbalen Kommunikation aus gesehen, ist das noch ein Übergang. Das Wort, das Symbol, tritt eben erst in Erscheinung und ist noch ungeeignet, in allen jenen Lebenssektoren zu dienen und angemessen zu funktionieren, in denen das Handeln sich schon seit einiger Zeit als sehr leistungsfähig erwiesen hat.

Um es chronologisch darzustellen: Hinsichtlich des Handelns tritt die Unterscheidung zwischen dem Belebten und dem Unbelebten zwischen dem neunten und zwölften Monat auf (Spitz, 1963a). In jenem Stadium ist der Dialog-Vorläufer (in Gestalt von Aktionen und dem Ausdruck von Gefühlen) schon so entwickelt, daß man ihn auch auf dem Stummfilm deutlich sichtbar machen kann. Zwischen dem zwölften und dem achtzehnten Monat wird die Unterscheidung zwischen dem Belebten und dem Unbelebten wieder angefacht, und zwar im Zusammenhang mit einer neu auftauchenden Dimension in der Realitätsprüfung. Diese neue Dimension wollen wir das *semiverbale Gespräch* nennen. Es erlaubt dem Kinde einen weit genaueren Test der Unterschiede zwischen dem Belebten und dem Unbelebten.

Die Daten meiner Studie reichen noch nicht aus zu entscheiden, ob es der fortgesetzte Dialog mit Belebtem und Unbelebtem ist, der zur Begriffsbildung und zum Sprechvermögen führt, oder ob umgekehrt die Errungenschaft der Sprache zu einer schärferen Unterscheidung zwischen Belebtem und Unbelebtem führt. Wahrscheinlich besteht ein Wechselspiel zwischen den beiden Errungenschaften. Ich bin geneigt zu glauben, daß die erstere die leistungsfähigere und wichtigere ist, wie sich aus der Beweisführung in meinem Buch »Nein und Ja — Die Ursprünge der menschlichen Kommunikation« (1957, deutsch 1959) ergibt. Natürlich können wir auf dieser Stufe den Dialog nicht anders als innerhalb der Objektbeziehungen studieren.

In summa: Unsere Betrachtung des Dialog-Vorläufers und der progressiven Umwandlungen, die er bis zur verbalen Sprache durchlaufen muß, hat gezeigt, daß der Vorläufer schon viele Elemente des späteren, verbalen Dialogs als Prototypen enthält. Aber auch diese Prototypen dienen nicht nur als Modelle für die spätere Entwicklung, sondern helfen auch beim Umgang mit den Trieben, bei der Neutralisierung, bei der Entwicklung der hochkomplizierten psychischen Mittel der Abwehrmechanismen. Der Dialog-Vorläufer scheint somit die Brücke zu sein, über welche die Umwelt ihren Einfluß fühlbar macht, über welche sie bei der Entwicklung und Festigung aller wichtigen psychischen Mittel und Strukturen wirksam wird.

Meine bisher vorliegenden Beiträge sind aber nur eine erste Annäherung an das Studium des Dialogs und seiner Vorläufer. Es ist klar, daß der Hauptteil der Forschung noch vor uns liegt. Freud hat damit begonnen, das Instrument der Psychoanalyse bei der verbalen Produktion der Erwachsenen anzusetzen. Unter der Führung Anna Freuds ist diese Forschung auf das Schul- und Vorschulkind ausgedehnt worden. So ist im Laufe der Jahre durch intensives, an der psychoanalytischen Theorie orientiertes Studium des verbalen Verhaltens ein in seinem Umfang und seiner Wirkung außerordentlicher, in der Geschichte der Wissenschaft einzigartiger Beitrag zusammengekommen. Die theoretischen Richtlinien, die diese Leistung erst möglich machten, gelten wie für das Studium des verbalen so auch für das des frühkindlichen nichtverbalen Verhaltens, wie ich durch Beobachtung und Experiment zu zeigen versucht habe. Wir haben guten Grund, das Instrument der psychoanalytischen Forschung auch an die präverbalen Äußerungen des Kleinkindes, an den Dialog-Vorläufer anzulegen.

Der vorliegende Artikel gibt einige Beispiele für diese Methode. Weiteres Material findet sich in der von Dr. John Benjamin gelei-

teten Pionier-Forschungsarbeit, die im gleichen Sinne, aber mit streng wissenschaftlichen Methoden geführt wurde. Wir beginnen gerade, die Früchte seiner unermüdlichen, hingebenden Arbeit zu ernten.
Aber das Feld ist unübersehbar groß. Ein einzelnes Forschungsprojekt kann immer nur verhältnismäßig schmale Sektoren bearbeiten. Ich hoffe, daß meine Beiträge andere Forscher ermutigen werden, sich der Embryologie der Denkvorgänge beim Menschen durch Untersuchung des Dialogs und seiner Vorläufer beim Kleinkind zuzuwenden.

# 4

## Der Dialog entgleist[1]

### Reizüberlastung, Aktionszyklen und Ganzheitseffekt[2]

Seit meinen Untersuchungen über »Hospitalismus« und über die »anaklitische Depression« (1945, 1946 a und b) ist viel experimentelle Arbeit über Liebesentzug (*affect deprivation*) in der menschlichen und tierischen Frühkindheit geleistet worden. Man konnte das Syndrom in totalen und partiellen Liebesentzug trennen und die Folgen beider Mangelzustände studieren (Spitz, 1965). Diese Arbeiten führten zum besseren Verständnis der betreffenden Erscheinungen und in der Folge zu Maßnahmen, mit deren Hilfe die Häufigkeit des Vorkommens und die Schwere der Schädigungen erheblich gemindert werden konnten. Heute, da die auffälligsten Formen mütterlichen Liebesentzugs seltener geworden sind, beanspruchen andere, schwerer zu erforschende und auch zu behandelnde Probleme unsere Aufmerksamkeit — Probleme, die vielleicht für die Menschheit noch dringlicher sind. Eines davon ist die Schädigung von Kindern, die sich zwar in ununterbrochener Obhut ihrer Mütter befinden, aber, wie es scheint, eine »falsche« Art mütterlicher Betreuung erhalten. Ein solches Versagen der Mutter führt zu Erscheinungen, die ich »psychotoxisch« nannte (1951).

Vor kurzem nun fiel mir etwas auf, was an sich offen zutage lag:

[1] Aus dem Department of Psychiatry, University of Colorado Medical Center, Denver, Colorado. Vortrag auf der Zusammenkunft der Sektion Psychoanalyse der American Psychiatric Association und der American Psychoanalytic Association in St. Louis, Mai 1963. In englischer Fassung unter dem Titel »The Derailment of Dialogue: Stimulus Overload, Action Cycles, and the Completion Gradient« im Journal of the American Psychoanalytic Association, 12 (4), Oktober 1964, S. 752—770, erschienen.

[2] Ganzheitseffekt: Gestaltpsychologischer Terminus. Prägnante Gestalten tendieren zu einem so vollständigen, stabilen, »geschlossenen« Zustand, als es die Verhältnisse erlauben. Asymmetrische Gestalten haben die Tendenz, als symmetrisch, unvollendete Handlungen als vollendet, sinnlose Gegenstände oder Situationen als sinnvoll wahrgenommen zu werden.

In der Ätiologie *aller* psychotoxischen Störungen ist etwas mit den affektiven Zufuhren nicht in Ordnung. Manche dieser Störungen (Dreimonatskolik, Schaukeln usw.) wiesen nun u. a. einen ätiologischen Faktor auf, der eigentlich das diametrale Gegenteil des Liebesentzuges ist, nämlich eine Übersättigung, eine Überdosis an affektiver Stimulierung.
Nach jahrelangen Versuchen, dieses Problem des »Zuviel« zu formulieren, schlage ich jetzt vor, diesen Faktor *emotionale Überforderung* zu nennen. Einem Beispiel dafür begegnen wir im undisziplinierten Verhalten der Eltern, einem Verhalten, das nicht wie eine echte Objektbeziehung aussieht, sondern auf den eigenen ungelösten Problemen der Eltern, wie verdrängter Aggression, Schuldgefühlen, narzißtischen Bedürfnissen etc. beruht. Gewisse Seiten dieses Problems des »Zuviel« von Gefühlszuwendung an das Kind sind in der Literatur unter der Bezeichnung »mütterliche Überbesorgtheit« (*maternal overprotection*) bekannt. Diese Bezeichnung hat jedoch im Laufe der Jahre eine zu weitgefaßte Bedeutung bekommen, so daß sie jetzt eine Vielfalt von Mutter-Kind-Beziehungen umschließt. Heute befasse ich mich speziell mit der Überlastung des noch ungenügend entwickelten Wahrnehmungssystems des Kleinkindes mit Reizen und seiner psychischen Organisation mit Mengen und Qualitäten von Gefühlen, mit denen es nicht umzugehen vermag, weil es sie noch nicht verarbeiten kann.
Die Erkenntnisse über die Folgen von Liebesentzug beim Menschen haben nun auch zu zahlreichen Experimenten an Tieren angeregt. Die Folgen der Reizüberlastung konnten experimentell aus einsichtigen Gründen ohnehin nur an Tieren untersucht werden. Andererseits können — worauf ich in früheren Veröffentlichungen hingewiesen habe (1955c) — an Tieren gewonnene Beobachtungen nicht ohne weiteres auf den Menschen angewendet werden. Doch darüber später.
Reizüberlastung spielt eine Hauptrolle in einer gründlichen experimentellen Untersuchung durch John Calhoun (1962). Er beobachtete die Folgen stark vergrößerter Bevölkerungsdichte bei Ratten. Er zog 6 Völker von 32 bis 56 Ratten, jeweils gleich viel Männchen und Weibchen, in geräumigen Käfigen auf, versorgte

sie reichlich mit Futter und Wasser und sicherte sie gegen Krankheit und Erbeutung. Dann ließ er sie sich auf ungefähr das Doppelte derjenigen Bevölkerung vermehren, die unter natürlichen Bedingungen wild lebend den gleichen Raum bewohnt hätte.
Die Übervölkerung erzeugte eine soziale Streß-Situation. Eine weitere Beeinflussung wurde durch die Anordnung der Käfige erreicht. Die vier Gehege, in denen die Ratten untergebracht waren, waren so angeordnet, daß der Verkehr sich auf einige Durchgänge konzentrierte und von anderen abgelenkt war (siehe Abb. 1 und 2, bes. Käfiganordnung II).
Diese Anordnung erreichte, daß die Gehege 1 und 4 weniger, die Gehege 2 und 3 stärker benützt wurden, so daß hier die größere soziale Spannung entstand. Die Ratten in den Gehegen 2 und 3 hatten viel mehr soziale Kontakte als die Ratten in den Gehegen 1 und 4. In Calhouns Terminologie ausgedrückt, war die Häufigkeit (*velocity*[3]) der sozialen Kontakte in den beiden mittleren Gehegen stark vergrößert.
Calhoun beschreibt nun eine Reihe von Folgen dieser Anordnung. Für unsere Untersuchung sind folgende Erscheinungen wichtig:
1. Die Verhaltensweisen der Männchen lassen sich in drei Kategorien einteilen: a) Eine Gruppe zeigte ein autistisch zurückgezogenes Verhalten; die Tiere gingen nur zu den Futterstellen, wenn keine anderen Männchen dort waren, paarten sich nicht mit den Weibchen und hockten in einer Art Betäubung in den Ecken. b) Eine zweite Gruppe von Männchen bildete Rudel und verfolgte die Weibchen. Die Tiere zeigten oft stark abwegiges sexuelles und aggressives Verhalten. Calhoun nannte sie »Prober« (von *to probe*, sondieren). c) Einige relativ normale Männchen errichteten, was Calhoun einen Harem nennt, und zwar hauptsächlich in den Gehegen 1 und 4. Hier sammelte jeweils ein starkes Männchen mehrere Weibchen um sich, die Junge warfen.
2. Die Weibchen: a) Die Haremsweibchen zogen ihre Jungen fast normal auf. b) Weibchen, die nicht zum Harem eines starken

[3] Als Definition des (nicht-analytischen) Calhoun'schen Begriffs der »velocity« schlägt René A. Spitz »proliferierende Reziprozität mit Abfuhreinschränkung« vor.

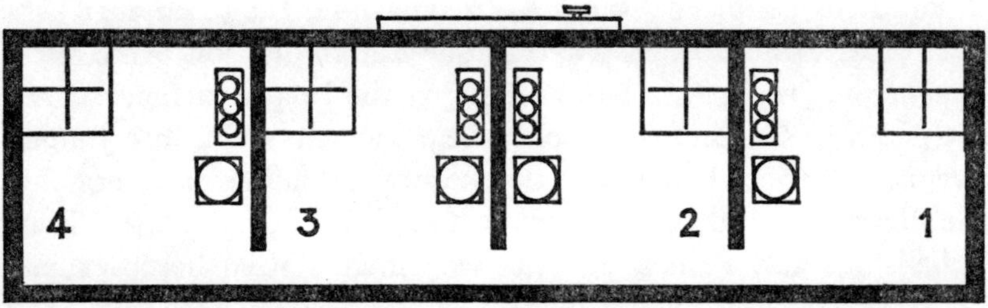


*Abb. 1:* Calhoun, Topology: Käfiganordnung II.

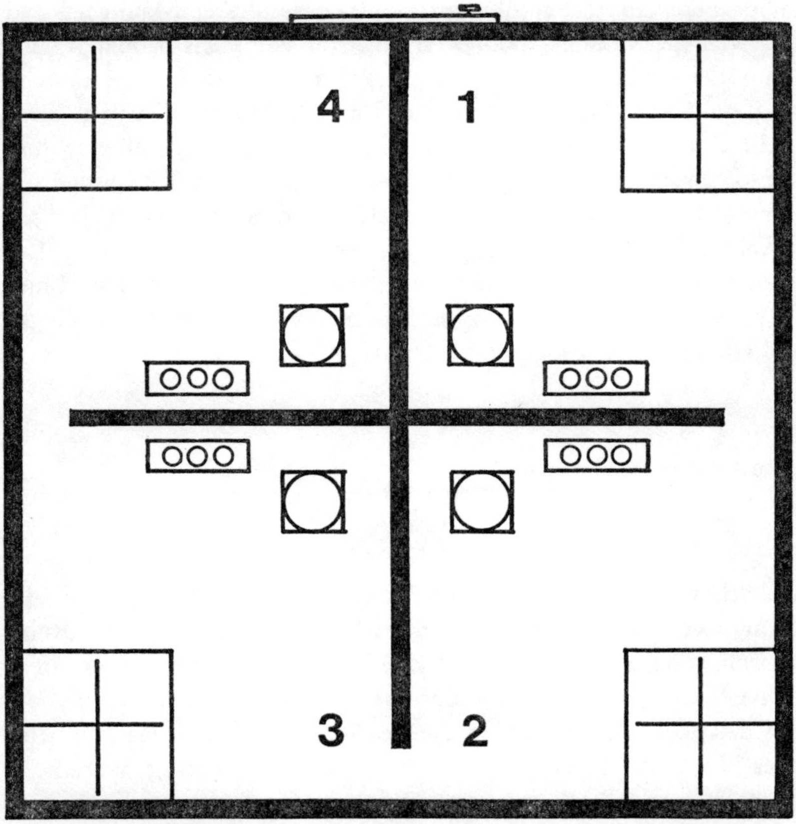


*Abb. 2:* Calhoun, Auswirkung der Populationsdichte: Käfiganordnung I.

Männchens gehörten, waren nicht imstande, Junge aufzuziehen. Sie bauten keine Nester, wie trächtige Ratten dies sonst tun. Viele trugen die Frucht nicht aus. Diejenigen, die Junge warfen, säugten sie nicht. In Gefahrensituationen begannen sie wohl, ihre Jungen wegzuschleppen, ließen sie aber unterwegs fallen und vergaßen sie. Bei vielen Männchen, besonders bei den »Probern«, trat Kannibalismus auf. Ferner entwickelten einige Ratten homosexuelle Verhaltensweisen, andere kämpften und bissen dauernd usw.
Eine besonders auffallende Folge der vergrößerten Bevölkerungsdichte war, daß in Calhouns erster Ratten-Serie die Jungen zu 96% umkamen.
Es wurde ein zweiter Versuch angelegt. Calhoun entnahm zwei übervölkerten Rattenkolonien die vier gesündesten Männchen und die vier gesündesten Weibchen im Alter von sechs Monaten, also in voller Geschlechtsreife. Diese vier Paare setzte er in geräumige Käfige, wo sie sich paarten und Junge aufzogen. Obwohl diese acht Ratten nun nicht mehr in übervölkerter Umgebung lebten, brachten sie im Lauf der nächsten sechs Monate weniger Junge zur Welt als normalerweise zu erwarten war. Keines dieser Jungen blieb bis zur Geschlechtsreife am Leben, ein Zeichen, daß das Leben während der sechs Monate in der übervölkerten Umgebung die Weibchen in ihrem mütterlichen Verhalten irreversibel geschädigt hatte. Dieser ganze Stamm starb aus.

## Theoretische Diskussion

### I

Welcher Faktor bei Calhouns Versuchen ist nun für die Schädigung der Ratten verantwortlich? Ich glaube, daß er in der Reizüberlastung zu suchen ist, und ich werde erörtern, was diese Überlastung im Falle von Calhouns Ratten bedeutete.
In den Kolonien, in denen die Bevölkerungsdichte das Doppelte des Normalen (und vielleicht des Optimalen) betrug, waren die Ratten durch die Begegnungshäufigkeit der einzelnen Tiere mindestens doppelt so vielen Wahrnehmungs- und affektiven Reizen

ausgesetzt, als es in der Freiheit unter normalen Bedingungen der Fall gewesen wäre. Es ist sogar wahrscheinlich, daß die Zahl der Begegnungen mit der wachsenden Zahl der Tiere exponentiell wächst und eine schwere Überlastung durch aktionsauslösende Reize verursacht. Die Überlastung des reaktiven Systems bei Calhouns Ratten scheint hauptsächlich zu zwei Formen abweichenden Verhaltens geführt zu haben: 1. zu fieberhafter Aktivität, 2. zu pathologischem Rückzug. Zwischen diesen beiden Extremen gab es eine Reihe von Übergangsformen.

Von diesen Übergangsformen habe ich schon die auffallende Verhaltensstörung der Männchen erwähnt. Rückzug, Hyperaktivität bei den Probern, Homosexualität, Kannibalismus, Aggressivität, Männchen, die alles beißen, was ihnen begegnet etc. Bei den Weibchen führen Störungen der Trächtigkeit und des Pflegeverhaltens zu raschem Abfall der Lebensfähigkeit der Art.

Wie kann dieser eine Faktor der Reizüberlastung zu einer derartigen Vielfalt von Folgeerscheinungen, die sich so wenig gleichen, führen? Überraschenderweise finden wir die Antwort auf diese Frage in den Studien über averbale Kommunikation beim Menschen.

Ich habe in letzter Zeit in einer Reihe von Arbeiten die Kommunikationsweisen in der averbalen Interaktion des menschlichen Säuglings mit seiner Mutter untersucht. Ich nannte diesen Austausch einen »Aktions-Dialog« (1963b). Emerson sagte: »Worte sind auch Handlungen, und Handlungen sind eine Art Worte.« Es scheint mir daher berechtigt zu sein, die offensichtlich averbale Interaktion der Ratten, das wechselseitige Stimulieren und Reagieren bei ihren sozialen oder sexuellen Begegnungen, auch einen »Dialog« zu nennen. Es ist zweckdienlich, diesen Dialog als aus kleineren Einheiten oder Elementen zusammengesetzt aufzufassen, und ich schlage vor, diese Elemente »Aktionszyklen« zu nennen. Nach Craig (1918) besteht jeder Aktionszyklus aus einem antizipatorischen, einem appetitiven und einem konsumatorischen Teil.

Durch Verdichtung der Rattenpopulation schuf Calhoun eine Situation, die sich auf den natürlichen Ablauf des Dialogs störend auswirkte. Ich behaupte nun, daß in dieser Situation der stochastische[4] Verlauf des Dialogs zwischen den einzelnen Ratten versagte und der Dialog zum Pseudo-Dialog wurde, zu einem Austausch sinnloser Akte und falscher Reaktionen. Dieses Versagen zeigt sich z. B. einerseits im Verhalten der Prober zu den Weibchen, andererseits im Verhalten der Rattenmütter zu ihren Jungen. Die Einzelheiten des Versagens werden das Thema einer weiteren Mitteilung bilden.

Was den *Verlauf des Dialogs* betrifft, so geschieht folgendes: Jeder soziale Kontakt in Calhouns Rattenkolonie löst entweder eine angeborene oder eine erlernte Reaktion im dyadischen Kontakt zwischen zwei beliebigen Tieren aus. Wegen der stark vergrößerten Bevölkerungsdichte und der dadurch bedingten enormen Multiplikation von Kontakten pro Zeiteinheit können nur wenige Reaktionen ihren natürlichen Ablauf bis zur völligen Erledigung nehmen. Mit anderen Worten, die Reaktionen werden nicht konsumiert. Kaum hat nämlich das Tier angefangen, auf einen Reiz zu reagieren, wird schon durch neuen Kontakt eine zweite Reaktion ausgelöst, eine dritte usw., die alle mit der Konsumation des ersten, zweiten usw. Verhaltenszyklus' interferieren. So kommt es zur Desorientierung als Folge der Übervölkerung. Diese Desorientierung führt zu einer Gleichgewichtsstörung, einem wachsenden Chaos der psychischen, sozialen und sexuellen Aktionszyklen, d. h. der gesamten Anpassung der Tiere.

Es zeigt sich, daß die ständig wiederholte Unterbrechung von ausgelösten Aktionszyklen das psychologische Funktionieren und letztendlich die psychische Struktur der Ratten schädigt.

Nun wissen wir schon etwas über die Folgen unterbrochener Aktionszyklen beim Menschen. Wie gesagt, besteht ein Aktionszyklus aus antizipatorischer, appetitiver und konsumatorischer Phase.

Die Unterbrechung von Aktionszyklen zwischen der appetitiven und der konsumatorischen Phase ist experimentalpsychologisch unter künstlich hergestellten Bedingungen eingehend untersucht worden. Für unsere Diskussion will ich drei solcher, auch von

---

[4] Stochastisch nennt man eine Folge von Ereignissen, die kausal zusammenhängen, deren Eintreten jedoch nur Wahrscheinlichkeitscharakter hat.

Psychoanalytikern gründlich erforschter Versuche erwähnen, obwohl die betreffenden Experimente und Beobachtungen nicht zu dem Zweck angestellt worden waren, die Interferenz bei natürlichen Aktionszyklen zu erforschen.

Der erste dieser Versuche ist die psychologische Beobachtung, die als *Zeigarnik-Effekt* (1927) bekannt ist. Zeigarnik zeigte, daß unerledigte Aufgaben besser erinnert werden als erledigte. Es handelt sich hierbei nicht um pathologische Vorgänge. Die unerledigte Aufgabe hinterläßt im psychischen Erinnerungssystem einen Rest, der wiederum einen Impuls bewirkt, die Aufgabe zu erledigen. Es kommt dabei nicht zu augenfälligen Wirkungen, weil bei dem Versuch nur sehr kleine Affektbeträge beteiligt sind.

Das zweite Beispiel ist viel augenfälliger. Freud postulierte aufgrund seiner Beobachtungen an Patienten, daß ein wesentlicher Faktor in der Ätiologie der *Aktualneurosen* der habituelle Coitus interruptus sei. Bei diesem Erklärungsversuch, der in die psychoanalytische Theorie als »toxikologisches Modell« eingegangen ist, wird angenommen, daß die regelmäßige Unterbrechung des Geschlechtsverkehrs vor dem Vollzug ein Anwachsen der Spannung und eine Aufstauung der Libido bewirkt, was zu schweren psychischen Störungen führt. Es wurde vermutet, daß die aufgestaute Libido einen Rückstand mit der Wirkung eines Toxins bildet, und es wurde offengelassen, ob man nicht doch eines Tages eine biochemische Grundlage für dieses Phänomen finden würde. Freud (1895) erklärte ausdrücklich: »... eine sexuelle Schädlichkeit wie der Coitus interruptus (bringt) sich durch Summation zur Geltung.« (S. 332).

Mein drittes Beispiel ist eine Beobachtung, die vor über siebzig Jahren gemacht wurde und seither im Schoße unserer psychoanalytischen Literatur geschlummert hat. Ich meine Freuds Entdekkung der Rolle der *Tagesreste* bei der Traumbildung und seine Aussage bezüglich der Funktion des Traumes.

Das Problem des Traumes beschäftigte Freud nachweislich bereits zwei Jahrzehnte vor der Publikation der Traumdeutung. Jones (1953) erwähnt Freuds Brief an seine Braut aus dem Jahre 1882, in dem er schreibt, er »träume nie von Dingen, die mich den ganzen Tag beschäftigt haben, nur von solchen Themen, die einmal im Verlauf des Tages berührt und dann wieder abgebrochen werden« (S. 407). Diese, das Wesen des Traumes zutiefst erfassende Einsicht bleibt bis zum heutigen Tage unsere grundlegende Erklärung des Ursprungs der Träume. Die abgebrochenen Themata, die ich etwas skurril als »unfinished business« bezeichnet habe, sind uns in der Psychoanalyse unter der Bezeichnung »Tagesreste« wohlbekannt. Die Tagesreste, die unvollendeten Geschäfte des Tages, führen zu den ungelösten Konflikten, die wir in unserem Unbewußten mit uns herumtragen, und werden so zu den Auslösern des Traumes. Freud (1900) beschäftigt sich in der »Traumdeutung« eingehend und überzeugend mit diesem Problem. Seine Formulierungen kommen dem ganz nahe, was Zeigarnik fast dreißig Jahre später auf einem anderen Gebiet experimentell gefunden hat.

Der zweite, sich auf die Funktion des Traumes beziehende Teil von Freuds These ist von weit größerer, ja entscheidender Bedeutung für unser gegenwärtiges Problem. Freud zitiert W. Robert, der 1886 erklärte, Dinge würden »zu Traumerregern ..., die einem unfertig im Sinne liegen« (Freud, 1900, S. 82). Und Freud faßt Roberts Auffassung zusammen: »Der Traum leistet dem überbürdeten Gehirn die Dienste eines Sicherheitsventils. Die Träume haben heilende, entlastende Kraft.« Und kurz vorher: »Ein Mensch, dem man die Fähigkeit nehmen würde, zu träumen, müßte zu gegebener Zeit geistesgestört werden, weil sich in seinem Hirn eine Unmasse unfertiger, unausgedachter Gedanken und seichter Eindrücke ansammeln würde ...« (1900, S. 83).

Zwanzig Jahre und viele tausend durchanalysierte Träume (darunter meine eigenen) später kam Freud wieder auf diese Erklärung der Traumfunktion zurück und fügte hinzu: »Ist dies die einzige Funktion, die wir den Träumen zugestehen können? Ich kenne keine andere.« (ebd., S. 585, Fn.)

Ich glaube, diese Zitate bedürfen keines weiteren Kommentars. Wir sind uns darüber klar, daß Freud hier vom Traum in seiner psychischen Funktion spricht, nämlich, um das eben zitierte Wort zu gebrauchen, als *Sicherheitsventil* zum Schutze der psychischen Organisation vor den schädlichen Folgen unerledigter Aktionszyklen, die vor dem Vollzug unterbrochen wurden. Dies ist die genaue Parallele zu dem Faktor der Reizüberflutung in der Ätiologie von Calhouns Ratten.

Es erübrigt sich wohl, noch einmal darauf hinzuweisen, daß Freuds Aussage über die Funktion des Traums inzwischen in zahllosen Traumanalysen geprüft und bestätigt wurde. Darüber hinaus besitzen wir heute auch eine experimentelle Bestätigung dank der einfallsreichen Arbeit von Charles Fisher und William Dement (1962) über Traumentziehung. Ich beziehe mich nur auf eins der vielen wichtigen Ergebnisse dieser Untersuchung. Ihre Arbeit an einer Gruppe von Versuchspersonen zeigte folgendes:

1. Für einige Probanden war Traumentziehung während fünf Nächten (untere Grenze der Fisher-Dement-Versuche) unerträglich. Sie brachen das Experiment nach ein bis vier Tagen ab.

2. Probanden, die man während fünf aufeinanderfolgenden Nächten nicht träumen ließ, schienen diesen Mangel während der nächsten fünf Nächte aufzuholen. Sie hatten bis zur doppelten Anzahl Träume, sobald sie wieder ohne Unterbrechung träumen durften.

3. Bei einer Anzahl von Probanden führte die Verhinderung von Träumen während fünf bis sieben Nächten zu verschiedenen Veränderungen, die auf die Möglichkeit einer beginnenden Persönlichkeitsspaltung hindeuteten. Diese Veränderungen verschwanden, als die Traumentziehung aufgehoben wurde.

Aufgrund dieser drei Beispiele, dem Zeigarnik-Effekt, Freuds toxikologischer Theorie und den Traumfunktions- und Traumentziehungsexperimenten, fühle ich mich berechtigt, eine Neuformulierung von Freuds toxikologischem Modell vorzuschlagen.

Verhaltensweisen bestehen aus der antizipatorischen, der appetitiven und der konsumatorischen Phase; wir sprechen von Aktionszyklen. Die Unterbrechung von Aktionszyklen vor der Konsumation ruft verschiedene Formen von Unlust hervor, deren eine Angst ist. Wir bezeichnen diese Unlust häufig auch als Frustrierung. Die dauernde Unterbrechung von Aktionszyklen hinterläßt einen sich anhäufenden Rückstand in der Psyche.

Wenn die Häufung solcher Restbeträge den kritischen Punkt erreicht hat, genügt eine einzelne Entladung durch einen Vollzugsakt nicht mehr, um das normale Gleichgewicht wiederherzustellen.

Die Häufung der Unterbrechungen scheint kompensiert werden zu müssen, wie Fisher-Dements Traumentziehungsversuche zeigen. Es kommt zu einem Punkt, an dem die Kompensierung der akkumulierten, nicht entladenen appetitiven Bereitschaft ohne ernstliche Störung des normalen Funktionierens des Organismus nicht mehr möglich ist und sich ein Konflikt zwischen dem Bedürfnis zu kompensieren und den Erfordernissen des normalen, alltäglichen Funktionierens erhebt. Hier beginnt ein Circulus vitiosus, denn das Bedürfnis, die Konflikte mittels normal vollzogener Funktionen zu kompensieren, schafft immer mehr nichtkonsumierbare Aktionszyklen. Diese häufen sich ihrerseits an und führen zur Desorganisierung und zum Zusammenbruch der Kompensationsversuche. Am Höhepunkt dieser Vorgänge spreche ich von einer *Entgleisung des Dialogs.*

Es zeigt sich, daß die ständig wiederholte Unterbrechung von Aktionszyklen vor ihrer Erledigung einen schädlichen Einfluß, sei er toxisch oder rein psychisch, ausübt. Seine Wirkungen offenbaren sich auf verschiedene Weise in verschiedenen Sektoren der Persönlichkeit. Die Schädigung beeinträchtigt die Anpassungsfähigkeit, die Fähigkeit, die Umwelt zu begreifen und zu meistern. Dies führt Schritt für Schritt in zunehmendem Maße zum Zusammenbruch der Kommunikation, des Dialogs.

Auf diesen Zusammenbruch reagieren der Mensch und, wie wir aus Calhouns Experimenten gesehen haben, auch Ratten (und möglicherweise auch andere Herdentiere) mit einem ganzen Spektrum von Störungen, das von zunehmender Beanspruchung der Aufmerksamkeit bis zu Frustration und letztlich Angst reicht. Die Angst entsteht wegen der allgemeinen Folgen der wiederholten Frustrierung des konsumatorischen Aktes. Daraus folgt, daß Freuds toxikologische Angsthypothese unvollständig ist, da sie nur einen besonderen Aspekt der Folgen wiederholter Frustration des konsumatorischen Aktes beschreibt.

Diese haben tatsächlich eine weit umfassendere Bedeutung. Das zeigen der Zeigarnik-Effekt, die Traumfunktion, das Traumentziehungsexperiment und, auf einem niedrigeren Integrationsniveau, Calhouns Rattenversuche.

Mir scheint, wir haben es hier mit einem psychologischen Prinzip von großer, vielleicht allgemeiner Tragweite zu tun. Beim Lebewesen, zumindest dem auf der Stufe der Säuger, scheint eine Neigung, ein Bedürfnis, vielleicht sogar ein Zwang zu bestehen, Aktionszyklen durch Erledigung zum Abschluß zu führen. Wir können bei dieser Tendenz von einem Gradienten sprechen. Nennen wir ihn provisorisch den *Ganzheitseffekt (completion gradient)*. Das Gefälle reicht von einer leichten Tendenz bei Zeigarniks Versuchspersonen bis zu stärkstem Zwang, wie er sich in der extrem schweren sozialen Pathologie bei Calhouns Ratten zeigte, bei denen die Konsumation der Aktionszyklen dauernd unterbrochen wurde[5].

## II

Vergleiche zwischen menschlichem und tierischem Verhalten und seinen Beweggründen sind immer problematisch. Ich habe dies oft genug betont. Aber die von Calhoun aufgezeigten Folgen der Übervölkerung in Rattenkolonien haben so viele Parallelen mit unserer großstädtischen Übervölkerung, daß wir sie nicht einfach ignorieren können. Wir müssen sie wenigstens ins Auge fassen und auf die Unterschiede bei scheinbar gleichen Phänomenen beim

---

[5] Dem aufmerksamen Leser wird auffallen, daß eine Beziehung zwischen dem im Ganzheitseffekt enthaltenen Druck und dem von Freud (1920) beschriebenen »Zwang zu wiederholen« (meist »Wiederholungszwang« genannt) bestehen könnte. Freud machte den Zwang zu wiederholen für den dämonischen Charakter gewisser Gemütszustände verantwortlich (1919). »Dämonisch« wäre vielleicht auch das Wort gewesen, mit dem er das Schauspiel des fieberhaften, immer chaotischer werdenden Verhaltens von Calhouns Ratten bezeichnet hätte, bei denen die Störung der psychischen, sozialen und sexuellen Aktionszyklen zum totalen Zusammenbruch ihrer Anpassung führte. Gedankengänge, die Freud aufgab (oder die von seinen Schülern nicht weiter verfolgt wurden), mögen ihn im größeren Zusammenhang seiner systematischen Erforschung der Psyche nicht befriedigt haben. Ich finde jedoch, daß manche der angeblich überholten Gedanken Freuds immer noch lohnende Einsichten enthalten, wie nur seine meisterliche klinische Beobachtung und sein Genie sie hervorzubringen vermochten. Ich neige zu der Annahme, daß der Ganzheitseffekt im Rahmen des Wiederholungszwanges vielleicht den quantitativen Aspekt der beteiligten Energie darstellt. Aber gewiß ist dies keineswegs die einzige Rolle, in der sich der Ganzheitseffekt manifestiert.

Menschen und beim Tier hinweisen, auf die »Disanalogie«, wie Robert Oppenheimer (1955) sie mit einem glücklichen Ausdruck nannte.

Vor über vierzig Jahren (1930) erörterte Freud die Probleme, denen sich die menschliche Kultur gegenübergestellt sieht, die Widersprüche, vor die uns die Zähmung der libidinösen und der aggressiven Triebe stellt. Die dazwischenliegenden Jahre haben keine Lösung dieser Problematik gebracht; es sind vielmehr andere, immer gefährlichere Elemente hinzugekommen, darunter auch die Übervölkerung der Städte.

Wenn ich auf meine eigene Lebenszeit zurückblicke, scheint mir, daß es zum raschen Anwachsen einer immer sadistischer werdenden Jugendkriminalität gekommen ist: Teenager-Verbrechen, weitverbreitete und gleichzeitig sozial geächtete Homosexualität, schwere Neurosen und Psychosen, seltsame Formen sozialer Gruppenbildung mit, gelinde gesagt, eigenartigen Sitten, immer ungeeignetere Praktiken der Kindererziehung. Dies alles geschah trotz außerordentlicher Fortschritte unserer psychiatrischen Therapie, unserer vorbeugenden und therapeutischen Maßnahmen auf sozialen und medizinischen Gebieten und in der Säuglingspflege. Und all dies trotz der lawinenartig anwachsenden Milliardenbeträge, die für vorbeugende und therapeutische Maßnahmen aufgewendet werden. Ist es möglich, daß wir vor einer chronischen Entgleisung des Dialogs beim Menschen stehen? Andererseits war der Mensch fähig und hat es immer wieder fertiggebracht, Probleme der Kommunikation zu bewältigen, an denen Ratten und Affen scheiterten. Das Organ, mit dem er dieses Kunststück vollbringt, ist das Ich. Der Mensch als Spezies handhabt die Kommunikation und begegnet ihrer Zerrüttung mit neuen, erfindungsreichen Anpassungsmethoden.

Aber dies kann er nur vollbringen, *nachdem* er ein Ich und damit die Fähigkeit entwickelt hat, in neuen Situationen zu lernen und Mittel zu erfinden, sie zu bestehen. Freud nannte die Instanz, die den Menschen zu dieser Leistung befähigt, das Ich. Es entwickelt, organisiert und modifiziert sich durch den Austausch im Rahmen der Mutter-Kind-Beziehung.

Beim Tier spielen ererbte Verhaltensweisen im allgemeinen eine weit größere Rolle als ein erworbenes Ich. Die Bedeutung des letzteren ist proportional dem Maß an postnataler Fürsorge, die das Neugeborene benötigt, d. h. dem Maß und der Dauer seiner anfänglichen Hilflosigkeit. Wir können demnach erwarten, daß der Erwerb einer zentralen Steuerungsinstanz (etwas, das ungefähr dem Ich des Menschen entsprechen würde) bei den nesthockenden Tieren viel wichtiger ist als bei den Nestflüchtern. Es ist interessant, daß sowohl die von Calhoun untersuchten Ratten als auch die von Harlow (1959) beobachteten Rhesusaffen Nesthocker sind. Aber ihre anfängliche Hilflosigkeit ist von weit kürzerer Dauer als die beim Menschen. Dementsprechend sind die Folgen mütterlicher Versagung wie auch die Folgen einer falschen Art von Mutter-Kind-Beziehung viel weniger einschneidend, als es beim menschlichen Kinde der Fall ist. Das wird aus Harlows und Calhouns Experimenten klar. Wir müssen annehmen, daß ein Zusammenbruch der Kommunikation in der Frühkindheit, vor der Bildung eines Ichs, für den Menschen besonders große Gefahren birgt.

Diese Behauptung verlangt eine eingehendere Betrachtung zweier Aspekte des Problems. Der eine ist die Frage: Wann ist das Ich urteils- und entscheidungsfähig genug, um unzulängliche oder ungeeignete Objektbeziehungen und die Entgleisung des Dialogs zu ertragen? Der andere ist die Frage nach der Dynamik, die die Sinnentleerung des Dialogs psychisch so schädlich macht. Ich werde darauf noch zurückkommen.

Hinsichtlich der Frage nach der Reife des Ichs habe ich behauptet (1965), daß die Ich-Strukturierung nach Durchlaufen einiger Vorphasen um den achten Lebensmonat herum beginnt und ihre erste Stufe ungefähr mit achtzehn Monaten erreicht. Ich stimme darin mit Piaget (1936) völlig überein.

Diese Auffassung von der Ich-Entwicklung schließt auch die Annahme ein, daß die Fähigkeit des Ichs, schädigende Umwelterfahrungen zu verarbeiten, mit zunehmendem Alter wächst. Dies ist bis zur Pubertät recht offensichtlich. Es trifft jedoch ebenso auf die Adoleszenz und das frühe Erwachsenenalter zu.

Selbstverständlich hat diese Fähigkeit, schädliche Umwelterfahrungen zu bewältigen, zu jeder Zeit ihre Grenzen. Die bedauerlichen geschichtlichen Erfahrungen der jüngsten Zeit haben uns gelehrt, daß jedermann zum Zusammenbruch getrieben werden kann, wenn man ihm nur hart genug zusetzt. Wir wissen auch, daß die Spannkraft individuell sehr verschieden ist. Ein gutes Beispiel für die planmäßige Verwendung der Entgleisung des Dialogs ist die Technik der Gehirnwäsche von Kriegsgefangenen — eine der vielen zweifelhaften Errungenschaften des sogenannten moralischen Fortschritts der Menschheit.

Die Nosologie der durch ungeeignete, sinnlose Interaktion, z. B. durch Überlastung mit Kontakten, verursachten Entgleisung des Dialogs muß noch erarbeitet werden.

Es gibt zahlreiche Hinweise dafür, daß auch im Falle der Überlastung des Dialogs das Niveau der Ich-Struktur und das Maß der Ich-Stärke für die Schädigung der Persönlichkeit bzw. die Schwere des Schadens bestimmend sind. Meines Wissens sind diese Fragen nie besonders untersucht worden, weder experimentell noch durch Beobachtung. Dabei gäbe uns die menschliche Unmenschlichkeit, wenn man so will, Gelegenheit genug, gewisse extreme Fälle zu studieren — ich denke an solche modernen Erscheinungen wie die Hongkong-Flüchtlinge.

In der vorliegenden Arbeit geht es mir jedoch weniger um Erwachsene als um den Zusammenbruch des Dialogs in der Frühkindheit, in derjenigen Entwicklungsphase, in welcher der Mensch noch dem Tier vergleichbar ist, wo das Ich noch nicht errichtet oder noch in *statu nascendi* ist.

Selbstverständlich können wir weder ungeeignete frühe Objektbeziehungen noch den Zusammenbruch des Dialogs in der Frühkindheit für alle Übel unserer Kultur und unserer Gesellschaft verantwortlich machen. Aber wenn solche Bedingungen einmal zu schweren Abweichungen von der normalen seelischen Entwicklung des Säuglings geführt haben, pflegen sie zunehmend weitere Störungen der Anpassung auszulösen.

Vor einigen Jahren behauptete ich, daß das Wachstum der menschlichen Psyche genauso streng unter dem embryologischen Prinzip der abhängigen Entwicklung, der Entfaltung des epigenetischen Bildes steht wie die befruchtete Eizelle. Der Zusammenbruch des Dialogs in der Frühkindheit betrifft das keimende Ich und seine erste Schicht, die dann keine normale Grundlage für den Aufbau der nächsten Phase mehr bildet. Diese Abweichung wird, sofern sie nicht korrigiert wird, von Phase zu Phase sichtbarer und endet schließlich in einer Fehlentwicklung der Persönlichkeit. Ich glaube daher, wir sollten die verschiedenen Faktoren, die zum Zusammenbruch des Dialogs in der Frühkindheit führen können, sehr ernst nehmen. Ich werde im folgenden einige Gründe dafür anführen, und zwar besonders vom dynamischen Standpunkt aus.

Wenn wir uns eingehender mit dem Dialog zwischen Mutter und Kind in der Frühkindheit befassen, so wird der Unterschied zwischen sinnloser Interaktion und sinnvollem Dialog immer wichtiger, vor allem im Hinblick auf sein Niveau. Das Neugeborene kann sich noch nicht in das Seelenleben der Mutter einfühlen. Es reagiert nur darauf und wird in seinem Verhalten auf der neurophysiologischen Stufe davon beeinflußt[6].

Bei der Mutter ist das anders. In der Stillperiode fällt ihr die Aufgabe zu, sich auf der ganzen Linie in das Verhalten des Kindes, so wie sie es zu verstehen glaubt, einzufühlen. Diese Einfühlung, die zum Teil bewußt, zu einem größeren Teil jedoch vermutlich unbewußt vor sich geht, ist charakteristisch für eine gute Mutter-Kind-Beziehung.

Wie steht es aber mit Müttern, die keine gute Einfühlungsgabe haben, mit den affektiv gestörten, den narzißtischen, den unsicheren Müttern? Wie steht es mit den Müttern, denen es nur um ihre eigenen affektiven Bedürfnisse geht? Und wie mit jenen, die, analog zu Calhouns Experiment über die Bevölkerungsdichte, selbst durch Reizüberlastung infolge der Übervölkerung unserer Städte verwirrt sind? Alle diese Mütter, und jede von ihnen aus eigenen, persönlichen Gründen, können das Verhalten ihrer Kinder nur im Hinblick auf ihre eigenen Bedürfnisse, Mängel, ihre Verwirrung und ihre Schuldgefühle auslegen. Die Kommunikation solcher Mütter mit ihren Kindern wird zum sinnlosen Dialog. Sie begin-

[6] Gerade auf dieser Stufe ist das Neugeborene durch die Reizschwelle gegen von außen herantretende Reize geschützt. Dieser Schutz nimmt in den auf die Geburt folgenden Monaten ab, und zwar im Verhältnis der Entwicklung des Ichs (im Rahmen der Mutter-Kind-Beziehung), das die Aufgabe übernimmt, die Reize zu beurteilen und zu verarbeiten.

nen Aktionen, die den Bedürfnissen des Kindes nicht angemessen sind, und sie unterbrechen seine Reaktionen darauf vor deren Vollzug. Wie kann unter diesen Umständen ein folgerichtiges Kommunikationssystem begründet, die Realitätsanpassung erreicht werden?

Das Kind versucht, die einander widersprechenden Signale zu beantworten. Das mißlingt ihm; es wird aufgeregt und unruhig. Die Mutter verzweifelt: sie kann nicht begreifen, warum gerade ihr Kind so schwierig ist. In diesem Zustand der Verwirrung wird das Kind einen narzißtischen Entwicklungsweg einschlagen, in welchem sich gelegentlich die Probleme der Mutter widerspiegeln mögen. Das Kind bezieht seine Befriedigungen und Belohnungen nicht mehr aus den normalen Objektbeziehungen, sondern auf viel archaischere Weise, und darum sind sie weder realitätsangepaßt noch zukunftsweisend. Denn statt einer fortschreitenden Anpassung an die Umweltbedingungen bleibt die Anpassung gänzlich oder fast ganz auf der Stufe der Reizschwelle fixiert.

Natürlich kann es zu einer derartigen Entgleisung des Dialogs nur kommen, solange das Individuum vollständig von der mütterlichen Fürsorge abhängig ist. Das ist während der Frühkindheit vor der Konsolidierung des Ichs der Fall. Beim Erwachsenen begegnet man dieser Art von Zusammenbruch nicht. Dem Erwachsenen stehen wohlorganisierte, sorgfältig ausgebaute Anpassungsmöglichkeiten zur Verfügung, um solchen Situationen zu begegnen. Wo diese nicht genügen, verfügt der Erwachsene über eine Fülle von Abwehrmechanismen, mit deren Hilfe er sich gegen unkontrollierbare Reize schützen kann. Wir werden daher nach den Folgen des sinnlosen Dialogs, der vor ihrer Erledigung unterbrochenen Aktionszyklen, beim Kleinkind suchen müssen. Als eines von vielen Beispielen soll dieser Vorgang bei einem neun Monate alten Kind gezeigt werden.

Jerry, der mit achteinhalb Monaten mit einem Gewicht von 4 kg 160 g hospitalisiert wurde, mußte als »nicht gedeihend« diagnostiziert werden. Alle Laboratoriumstests waren negativ. Medikamente und alle möglichen Diäten hatten keinen Einfluß auf sein Gewicht. Nach zwei Wochen erfolgloser medikamentöser Behandlung wurde die psychiatrische Abteilung zugezogen. Es

wurde ein Syndrom von Würgen und Ruminieren (Meryzismus), sowie Saugen an zwei Fingern, die tief in den Mund bis zur Pharinx gesteckt wurden, beobachtet. Daraufhin wurde die medizinische Behandlung vollständig abgesetzt und das Kind der Obhut einer liebevollen Kinderschwester übergeben. Vorübergehend wurden ihm die Arme eingeschient, um das Lutschen zu verhindern. Nach zwei Wochen hatte Jerry 590 g zugenommen, nach drei Wochen weitere 340 g. Er verließ die Klinik einige Tage später mit einer Gesamtzunahme von 1350 g.
Bei der psychiatrischen Exploration von Jerrys Mutter kam ein schwerer ödipaler Konflikt zutage: ihr fortwährender Kampf mit ihrem tyrannischen, sadistischen, eigensinnigen Vater und ihre unbewußte Unterwerfung unter diesen. Die Eigenart der Mutter-Kind-Beziehung wird durch eine Beobachtung des behandelnden Psychiaters deutlich: Er bemerkte, wie tief die Mutter den Sauger der Flasche dem Kind in den Schlund steckte. Ebenso, ja noch auffälliger machte sie es mit einem harten Zwieback, mit dem sie ihn später fütterte. Der Psychiater fragte, ob sie das Kind nicht zu rasch und zu tief in den Hals hinein fütterte. Sie antwortet: »Mir wurde immer gesagt, das Essen müsse man so rasch wie möglich hinter sich bringen.«
Ich konnte in einem Film zeigen, wie das Kind an seinen Fingern lutscht und einen harten Zwieback ißt. Die Finger, die es bis hinunter zur Pharinx in den Hals steckte, bewegten sich sichtlich, kitzelten die Epiglottis und riefen den Brechreiz hervor. Die Reaktionen des ärztlichen Publikums zu diesem Teil des Films waren aufschlußreich. Mehrere Zuschauer bemerkten, beim Anblick des Kindes würge es sie im Halse. Würgen und Erbrechen sind Folgen der Manipulationen des Kindes mit den Fingern oder dem Zwieback; es würgt, erbricht und käut das Erbrochene im Munde wieder.
Wir müssen annehmen, daß das eigenartige Verhalten der Mutter beim Füttern des Kindes eine Art Konditionierung bewirkte. Würgen und Erbrechen wurden immer wieder durch vermehrte mütterliche Zuwendung und durch weitere Nahrung belohnt. Es ist also eine rein anaklitische Verhaltensweise. Die Triebbefriedigung lehnt sich an das Nahrungsbedürfnis an. Es liegt in der Na-

tur der menschlichen Entwicklung, daß die emotionale Seite der Triebbefriedigung allmählich wichtiger wird als der eigentliche Lebenswille. Die Entwicklung von Jerrys Verhalten zeigt das aufs überzeugendste.

Für Jerry wurden Würgen, Hochpressen und Erbrechen zu einem Teil der Mutter-Kind-Beziehung. Es waren an die Mutter gerichtete Mitteilungen, Erwiderungen, die er auf ihre Behandlung gelernt hatte, und diese wurden zum Ausdrucksmittel, mit dessen Hilfe er in dieser sonderbaren Mutter-Kind-Beziehung mit Erfolg um Zuwendung werben konnte. Denn die Mutter beantwortete seine Erbrechens-Mitteilung mit ihrer Auslegung dessen, was er wollte: Sie fütterte ihn wieder und wieder.

Das Verhalten dieser Mutter wird verständlich, wenn man ihre Konflikte kennt. Die psychiatrische Exploration förderte ihre tiefen Schuldgefühle zutage, weil ihr Vater sowohl ihre Heirat als auch ihre Schwangerschaft mißbilligt hatte. Diese Schuldgefühle drückten sich in der Behandlung des Kindes aus. Wenn sie z. B. das Kind in ihrem Schoß aufrichtete, stützte sie es nicht, sondern ließ es zu, daß der Kopf des Kindes wie ein Stein hintenüber fiel. Andererseits hatte sie aber genauso starke Schuldgefühle, weil das Kind nicht gedieh. In blindem Eifer versuchte sie, ihr Schuldbewußtsein überzukompensieren, indem sie ihm die Nahrung so schnell und so tief wie möglich hineinstopfte. Dies verursachte die Konditionierung des Würgreflexes auf Nahrung und auf mütterliche Zuwendung. Die Nahrung kam für Jerry sehr bald erst an zweiter Stelle. Er erreichte die mütterliche Zuwendung durch Würgen und Ruminieren. Außerdem konnte er diese Zuwendung auch jederzeit durch das Lutschen an den beiden Fingern ersetzen, die er sich tief in den Hals steckte.

Hier tritt nun die Entgleisung des Dialogs zwischen Mutter und Kind unverkennbar zutage. Stark vereinfacht könnte man sagen, daß das Hineinstopfen der Nahrung in den Schlund die antizipatorische und die appetitive Phase des Aktionszyklus' vereinigt. Der konsumatorische Akt, der dieser appetitiven Phase entspricht, wäre der Weitertransport der Nahrung in den Magen. Tilney und Kubie (1931) zeigten, daß bei fortschreitender Füllung des Magens im Nährzyklus die appetitive Tätigkeit des Säuglings nachläßt.

In Jerrys Fall aber wird der Zyklus unterbrochen, ehe die Nahrung den Magen erreicht hat. Röntgenfilme zeigten deutlich die unkoordinierten Bewegungen des Ösophagus, die zum Hochpressen der Nahrung führten.
Für Jerry war die Füllung des Magens nicht das primäre, reizerledigende Ziel. An dessen Stelle traten Bedürfnisse nach mütterlicher Zuwendung und nach den oralen bzw. pharyngealen Reizen, die für Jerry zum Äquivalent für Zärtlichkeit geworden waren. Die Mutter, in ihren eigenen emotionalen Problemen befangen, machte Jerry während der appetitiven Phase des Dialogs ein verkehrtes Kommunikationsangebot. Die Erwiderung des Kindes auf ihr merkwürdiges Vorgehen, ihm die Nahrung so schnell und so tief wie möglich in den Hals zu stopfen, ist physiologisch verständlich: Es würgt, erbricht und ruminiert. Die Erwiderung Jerrys ist in bezug auf das, was die Mutter *tut*, richtig, aber eine sinnlose Antwort auf das, was sie zu tun *glaubt*.
Die weiteren Schritte in diesem Zyklus bestehen darin, daß die Mutter ihr unsinniges Vorgehen unaufhörlich wiederholt. Sie löst die appetitive Eßreaktion aus und unterbricht sie im gleichen Zuge, indem sie den Würgreflex hervorruft. Jerrys Erwiderung ist dem Reiz völlig angemessen, aber dem Wunsch der Mutter entgegengesetzt. Er kaut zwar und bewegt die Nahrung im Mund, aber erst, nachdem er sie erbrochen hat. Dieser Zyklus wiederholt sich immer aufs neue. Es findet keine Verständigung statt. Der immer wieder unterbrochene und wieder in Gang gesetzte, nie zur Sättigung führende Zyklus hätte schließlich den Tod des Kindes zur Folge gehabt, wenn wir nicht eingeschritten wären. Mir scheint, wir können hier, auf der archaischen Stufe, auf der sich dieser Vorgang abspielte, den primitiven Wiederholungszwang unverhüllt beobachten.
Es ist hier nicht der Ort, um die dynamischen Einzelheiten dieses Falles zu erörtern. Ich glaube, er ist geeignet, meine These von der Entgleisung des Dialogs zu beleuchten. Die antizipatorische Reaktion führt zum appetitiven Teil des Zyklus, der in Jerrys Fall von einem neuen, entgegengesetzten Reiz unterbrochen wird, so daß die Konsumation, die Erledigung der Handlung, nicht stattfindet.
Wenn wir diese Beobachtung nun mit dem Zustand in den über-

völkerten Rattenkäfigen vergleichen, wird uns klar, daß das, was Calhoun als »Velocity« beschreibt, nichts anderes ist als das wiederholte Auslösen des antizipatorischen Teils einer Vielfalt von Aktionszyklen. Die Handlung selbst wird vor ihrer normalen Beendigung unterbrochen, also bevor die Kurve ihren höchsten Punkt, die Konsumation, erreicht hat. Daher fehlt ihr außer der Kulmination auch der abklingende Teil.

Wir können demnach schließen, daß die ständige Unterbrechung von Aktionszyklen psychologische Bedingungen schafft, die zu soziopathologischen Zuständen führen, wie Calhoun sie beschrieben hat. Beim Tier, wo die adaptiven Mechanismen hauptsächlich aus angeborenem, nicht erlerntem Verhalten bestehen, führt diese Pathologie zum Aussterben der Gruppe wegen Übervölkerung. Wenn die Bedingungen der zunehmenden Bevölkerungsdichte im Laufe der Entwicklung der Art nicht kompensiert werden, führen sie zur Vernichtung der Art.

Dem Menschen stehen, wie oben erwähnt, andere Möglichkeiten zur Verfügung. Der Mensch, dessen Anpassung durch Kommunikation, durch die Überlieferung von Erfahrungen der vorhergehenden Generation erlernt wird, ist fähig, in der Ontogenese, innerhalb der Lebenszeit des Individuums, neue Anpassungsmöglichkeiten zu entwickeln. Er ist dazu befähigt kraft seines Ichs, dieses einzigartigen Anpassungsorgans, das diese Leistung vollbringt, indem es geeignete Abwehrmechanismen entwickelt. Das setzt jedoch, wie schon dargelegt wurde, ein Ich voraus, dessen Entwicklung genügend weit fortgeschritten ist, um einer solchen Aufgabe gewachsen zu sein.

Wenn wir zwischen Calhouns Experiment mit der vermehrten Bevölkerungsdichte und den Bedingungen, wie sie in den Mietskasernen unserer Großstädte herrschen, eine Parallele ziehen, wird uns klar, daß wir die Auswirkungen nicht einfach vergleichen können. In der Geschichte der Menschheit sind Übervölkerungen zu verschiedenen Zeiten und Orten immer wieder vorgekommen. Wir können annehmen, daß jedes dieser geschichtlichen Ereignisse seine eigenen Auswirkungen hatte und seine besondere Lösung fand. Letztere mag von explosiver Gewalt oder sie mag rituell verankert gewesen sein (vielleicht war der *ver sacrum* ein solcher ritualisierter Brauch, dem eine lokale Übervölkerung zugrunde lag). Andere historische Beispiele in unserer westlichen Kultur finden wir im Rom der Kaiserzeit, im elisabethanischen London und im Paris vor der Französischen Revolution.

Befassen wir uns aber mit uns näherliegenden Ereignissen, mit der gegenwärtigen Übervölkerung der Städte der westlichen Welt, so muß zwischen den adaptiven Folgen einer vergrößerten Bevölkerungsdichte beim Erwachsenen und der destruktiven Auswirkung der Entgleisung des Dialogs, der Anhäufung unvollendeter Aktionszyklen beim Kleinkind, unterschieden werden. Besonders im letzteren Fall muß eine solche Untersuchung deutlich zwischen der *physischen* Übervölkerung als solcher und Calhouns »velocity«, d. h. der *psychischen* Überlastung, unterscheiden.

Man darf auch nicht vergessen, daß ungünstige Mutter-Kind-Beziehungen sich aus den verschiedensten Gründen ergeben können, von denen die Übervölkerung nur einer und zwar gegenwärtig sicherlich noch nicht der Hauptgrund ist. Er ist jedoch bis jetzt noch nicht beschrieben worden, und wir haben seine gefährlichen Möglichkeiten bisher nicht beachtet. Im Hinblick auf die gegenwärtigen demographischen Tendenzen tun wir gut daran, diese Gefahr im Auge zu behalten.

Ich kann diese Möglichkeiten im Rahmen der vorliegenden Arbeit nicht behandeln, aber ich möchte darauf hinweisen, daß die jugendlichen Banden in fast allen Ländern auf beiden Seiten des eisernen Vorhangs zu einem immer größeren Problem werden. Es ist ein Problem für sich, daß diese Banden ihren Ursprung nicht ausschließlich in den Mietskasernen haben. Aber so weit der Vergleich auch hergeholt erscheinen mag, das Vorgehen der jugendlichen Banden erinnert doch merkwürdig an Calhouns »Prober«. Ohnehin hat man beim Lesen über Calhouns Versuche mit übervölkerten Rattenkolonien das unbehagliche Gefühl, in unserer eigenen Kultur (aber auch in älteren Kulturen) von gar nicht unähnlichen Dingen bereits gehört zu haben. Man denkt unwillkürlich an die Subkulturen, Halbstarken und manche andere, merkwürdige Gruppierungen.

Eine zukünftige Forschung wird die Aufgabe haben herauszufinden, ob und wie die Bildung von Banden mit Schädigungen zusammenhängt, die *vor* der Ich-Bildung entstanden sind, und ob andere Abweichungen mit Anpassung an die städtische Übervölkerung zusammenhängen, die zu einem späteren Zeitpunkt der Persönlichkeitsentwicklung stattgefunden hat.

Das sind sehr spekulative Analogien. Dennoch liegt die Vermutung nahe, daß wir Zeugen einer fortschreitenden Entgleisung des Dialogs in unserer Gesellschaft sind. Ich glaube, daß der Mensch fähig ist, dieses Problem zu bewältigen, daß er mit Hilfe seines Ichs Mittel erfinden wird, die Schwierigkeiten zu überwinden. Ein Problem, das er für sich selbst nicht lösen kann, ist jedoch die Entgleisung des Dialogs in der Frühkindheit — es sei denn, er macht sich klar, was dort geschieht.

Denn wenn der Dialog in der Frühkindheit zusammenbricht, wird die Ich-Bildung gehemmt, die Ich-Funktionen entarten und verkümmern. Die Ich-Apparate verkrüppeln, und die Integrität des Ichs, des Hauptorgans der Anpassung, ist in Gefahr. Es werden dann kompensatorische Funktionen entwickelt, die wenig oder nichts mit den Gegebenheiten der Realität zu tun haben, wie wir an der Entgleisung der Anpassung im Falle von Jerry gesehen haben. Ein solches Ich wird, wenn es überhaupt am Leben bleibt, starke Mißbildungen aufweisen und niemals die Fähigkeit erreichen, sich zu einem gut integrierten Partner in irgendeiner Art von Dialog zu entwickeln. Es erfordert keinen prophetischen Blick, um diese verheerenden Folgen zu erkennen. Der Fall Jerry zeigt eine der möglichen Folgen: daß durch die Entgleisung des Dialogs der appetitive Anteil des Aktionszyklus' den konsumatorischen ersetzt.

Bekanntlich ist der Mensch den Wonnen appetitiver Paradiese erlegen, seit unser Vorfahr Noah und nach ihm Lots Töchter (Genesis 9) die Wirkung vergorenen Traubensafts entdeckten. Seit Menschengedenken weiß man um den häufig rituellen Gebrauch von Opium, Haschisch, gewissen Pilzen und anderen, in der Natur vorkommenden Drogen. Aber was wir in den letzten hundert Jahren und, weit auffallender, in den letzten dreißig bis fünfzig Jahren erlebt haben, ist etwas ganz anderes. In dieser Zeit sind wir mit großer Beschleunigung von Tabak und Alkohol (vielleicht sollte man Opium und Haschisch hier ebenfalls nennen) zu

Morphium, Kokain, Heroin übergegangen. Wir haben von unseren Nachbarn Marihuana übernommen und diese in letzter Zeit noch mit Benzedrin, $LSD_2$ und Leimschnüfflern überflügelt.

Ich möchte wiederholen, daß die städtische Übervölkerung nicht der einzige Grund für diese immer ernster werdenden Probleme ist. Sie ist aber einer der Gründe — ich selbst habe früher andere erwähnt. Sie läßt sich jedoch experimentell leicht wiederholen und darum besser untersuchen als andere. Das Problem der Übervölkerung ist zugleich dasjenige, das am schwersten zu steuern ist und daher im gegenwärtigen Abschnitt der Menschheitsgeschichte sich am bedrohlichsten vor uns auftürmt.

Es ist beunruhigend, daß bei der Diskussion der Überfüllung unserer Städte, der zunehmenden Bevölkerungsdichte, der Hauptakzent immer nur auf die Wasserversorgung, den Smog, die Abfallbeseitigung, die Verkehrswege und andere, ohne Zweifel lebenswichtige Probleme gelegt wird. Tatsächlich könnten wir uns fragen, ob diese materiellen Hindernisse, Schwierigkeiten und Gefahren, die die Verstädterung mit sich bringt, nicht vielleicht eine Schutzmaßnahme der Natur gegen die Übervölkerung darstellen, die die Existenz der Spezies selbst gefährdet. So gesehen haben die Hindernisse, die einer Übervölkerung entgegenstehen, eine eigentümliche Ähnlichkeit mit Beobachtungen aus der Tier- und Pflanzenökologie. Tiere und Pflanzen müssen sich den Gesetzen der Natur beugen. Uns dagegen erlaubt die Technisierung, uns über solche Hindernisse hinwegzusetzen; das gefährdet aber den Menschen an seiner verwundbarsten Stelle, am Ich, seinem Anpassungsorgan.

Noch hat sich keine Stimme erhoben, um vor den Gefahren der Übervölkerung für den Menschen, ich möchte sagen, für das eigentlich Menschliche im Menschen zu warnen, vor den Gefahren für das Ich als der einzigen Instanz, die die Fähigkeit besitzt, diesen Gefahren zu begegnen, sie aber nicht bewältigen kann, wenn es selbst geschädigt ist. Ich finde, es ist an der Zeit, daß Psychiater und Psychoanalytiker dieses Problem untersuchen, auf die Gefahren hinweisen und ihr *caveant consules*[7] rufen.

---

[7] *Caveant consules ne quid detrimenti res publica capiat!* — Mögen die Herrschenden darauf achten, daß der Staat keinen Schaden nehme!

Systematische Untersuchungen über den Ursprung gewisser affektiver Störungen bei Säuglingen zeigen, daß eine ununterbrochene mütterliche Zuwendung für die normale physische, psychische und soziale Entwicklung des Kindes, ja für sein Überleben notwendig ist. Die elementarste Vorbedingung mütterlicher Zuwendung ist die physische Anwesenheit der Mutter oder einer entsprechenden Ersatzperson.

Es zeigt sich jedoch immer deutlicher, daß die kindliche Entwicklung auch verkümmern kann und Schädigungen verschiedenen Ausmaßes auftreten, wenn das Kind eine falsche Art mütterlicher Zuwendung erfährt. Die Dynamik einer »mütterlichen Fehlhaltung« und ihre Auswirkungen werden am Modell einer Mutter-Kind-Beziehung erklärt. Die gegenseitige Interaktion zwischen Mutter und Kind besteht in einem Geben und Nehmen von beiden Seiten, was von beiden Partnern sowohl aktive als auch passive Verhaltensweisen verlangt. Diese Verhaltensweisen bilden Reihen oder Ketten, deren einzelne Glieder hier »Aktionszyklen« genannt werden. Jeder Aktionszyklus ist in sich vollendet und antizipiert zugleich einen nächsten. Ich bezeichnete diese Interaktionsreihen als »Vorläufer des Dialogs«, als eine Urform der Kommunikation.

Der Dialog wirkt als Vektor der Entwicklung des Säuglings. Er beeinflußt deren Richtung und fördert die Anpassungsversuche und das psychische Wachstum. Daraus folgt, daß eine (quantitativ wie auch qualitativ) ungeeignete mütterliche Zuwendung zur »Entgleisung« des frühen Dialogs führen muß.

Kontrollierte Tierversuche, Ergebnisse der experimentellen Psychologie und schließlich Beobachtungen in psychoanalytischen Behandlungen veranschaulichen die Mechanismen des entgleisten Dialogs und dessen Auswirkungen.

In den geschilderten Fällen führte eine Reizübersättigung, eine psychische Überlastung zur Entgleisung des Dialogs. Durch Überlastung wird der Vollzug von Handlungen oder schon begonnenen Reaktionen verhindert. Länger dauernde Überlastung führt zur Kumulierung von unvollendeten Aktionszyklen. Die Folgen einer

solchen Kumulierung sind schwere Veränderungen im Verhalten, erkennbar an Abweichungen von den Normen individuellen und sozialen Verhaltens auf eine unangepaßte, mit der Gesellschaft des Individuums nicht übereinstimmende, also asoziale Weise.
Ausgelöst, ja vielleicht verursacht, wird die Entgleisung des Dialogs durch den sozialen Hintergrund. Eine solche Voraussetzung, nämlich die Übervölkerung, wird im Zusammenhang mit einem Tierversuch besprochen und in seinen Folgen für die menschliche Gemeinschaft diskutiert.

Benjamin, J. D. (1961): The Innate and the Experiential in Child Development. In: Lectures on Experimental Psychiatry, hrsg. v. H. W. Brosin, Pittsburgh (Pittsburgh Univ. Press).
Bowlby, J. (1958): The Nature of the Child's Tie to His Mother, Int. J. Psycho-Anal., 39. Deutsch: Über das Wesen der Mutter-Kind-Beziehung, Psyche, 13.
— (1960): Grief and Mourning in Infancy and Early Childhood, The Psychoanalytic Study of the Child, 15.
Bühler, Ch. (1928): Kindheit und Jugend, Leipzig (Hirzel).
— (1937): The First Year of Life, London (Kegan Paul).
Bühler, K. (1934): Sprachtheorie, Jena (Fischer).
Calhoun, J. B. (1952): The Social Aspects of Population Dynamics, J. Mammalogy, 3, S. 139 ff.
— (1957): Social Welfare as a Variable in Population Dynamics, Cold Spring Harbor, Symposia on Quantitative Biology, 22, S. 339 ff.
— (1962): Population Density and Social Pathology, Sci. American, 206.
Craig, W. (1918): Appetites and Aversions as Constituents of Instinct, Biol. Bull., 34.
Danziger, L. und Frankl, L. (1934): Zum Problem der Funktionsreifung, Z. Kinderforsch., 43.
David, M. und Appel, G. (1961): Étude des Facteurs de Carence Affective dans une Pouponnière, Psychiat. Enfant, 4.
Dement, W. (1960): The Effect of Dream Deprivation, Science, 131.
Diskussion der Wiener psychoanalytischen Vereinigung (1912): Die Onanie, Wiesbaden (Bergmann).
English, H. B. und A. C. (1959): A Comprehensive Dictionary of Psychological and Psychoanalytical Terms, New York (Longmans Green).
Fisher, C. und Dement, W. (1962): Manipulation Expérimentale du Cycle Rêve-Sommeil par Rapport aux Etats Psychopathologiques, Rev. méd. Psychomatique, 4.
Ford, C. S. und Beach, F. (1951): Patterns of Sexual Behavior, New York (Harper).
Freud, S. (1895): Über die Berechtigung, von der Neurasthenie einen bestimmten Symptomenkomplex als »Angstneurose« abzutrennen. G. W. 1.
— (1900): Die Traumdeutung, G. W. 2/3.
— (1905): Drei Abhandlungen zur Sexualtheorie, G. W. 5.
— (1914): Zur Einführung des Narzißmus, G. W. 10.
— (1919): Das Unheimliche, G. W. 12.
— (1920): Jenseits des Lustprinzips, G. W. 13.

— (1930): Das Unbehagen in der Kultur, G. W. 14.
Harlow, H. F. (1958): The Nature of Love, Amer. Psychol., 13.
— (1959): Love in Infant Monkeys, Sci. Amer. 200.
— (1960 a): Primary Affectional Patterns in Primates, Amer. J. Orthopsychiat., 30.
— (1960 b): Affectional Behavior in the Infant Monkey. In: Central Nervous
— System and Behavior (Transactions of the Third Conference), New York (Josiah Macy Jr. Foundation).
— (1960 c): Development of the Second and Third Affectional System in Macaque Monkeys, Mskr.
— (1960 d): The Maternal and Infantile Affectional Patterns, Mskr.
— (1960 e): Nature and Development of the Affectional Systems, Mskr.
— (1962): The Heterosexual Affectional System in Monkeys, Amer. Psychol., 17.
— und Zimmermann, R. (1959): Affectional Responses in the Infant Monkey, Science, 130.
Hartmann, H. (1939): Ich-Psychologie und Anpassungsproblem, Stuttgart (Ernst Klett) 1960.
—, Kris, E. und Loewenstein, R. M. (1946): Comments on the Formation of Psychic Structure, The Psychoanalytic Study of the Child, 2.
Hebb, D. O. (1946): On the Nature of Fear, Psychol. Rev., 31.
Hebb, D. O. und Riesen, A. H. (1943): The Genesis of Irrational Fears, Bull. Canad. Psychol. Assn., 3.
Hermann, I. (1936): Sich-Anklammern — Auf-Suche-Gehen, Int. Z. Psychoanal., 22.
Jacobson, E. (1954): The Self and the Object World, The Psychoanalytic Study of the Child, 9.
Jones, E. (1953): Das Leben und Werk von Sigmund Freud, 3 Bde., Bern — Stuttgart (Huber) 1960.
Klein, M. (1948): Contributions to Psychoanalysis 1921—1945, London (Hoghart Press).
Lampl-de Groot, J. (1950): On Masturbation and Its Influence on General Development, The Psychoanalytic Study of the Child, 5.
Lashley, K. S. (1951): The Problem of Serial Order in Behavior. In: Cerebral Mechanisms in Behavior, hrsg. v. L. A. Jeffers, New York (Wiley).
Lebovici, S. und McDougall, J. (1960): Un Cas de Psychose Infantile: Étude Psychoanalytique, Paris (Presses Univ. de France).
Mahler, M. S. (1952): On Child Psychosis and Schizophrenia, The Psychoanalytic Study of the Child, 7.
— (1958): Autism and Symbiosis: two Extreme Disturbances of Identity, Int. J. Psycho-Anal., 32.
— (1960): Perceptual De-Differentiation and Psychotic »Object Relationship«, Int. J. Psycho-Anal., 41.
—, Furer, M. und Settlage, C. F. (1959): Severe Emotional Disturbances in Childhood: Psychosis. In: American Handbook of Psychiatry, Hrsg. v. S. Arieti, New York (Basic Books).

McBride, A. F. und Hebb, D. O. (1948): Behavior of the Captive Bottle-Nose Delphin, Tursiops truncatus, J. Comp. Physiol. Psychol., 41.

Mead, G. H. (1934): Mind, Self and Society from the Standpoint of Social Behaviorism, Chicago (Univ. of Chicago Press).

Mead, M. und Macgregor (1951): Growth and Culture: A Photographic Study of Balinese Childhood, New York (Putnam).

Oppenheimer, R. (1956): Analogy in Science. Ansprache beim 63rd. Annual Meeting of the American Psychoanalytic Association (1955), Amer. Psychologist, 11.

Piaget, J. (1936): The Origins of Intelligence in Children, New York (Int. Univ. Press) 1952. Deutsch: Das Erwachen der Intelligenz beim Kinde, Stuttgart (Ernst Klett) 1969.

Radó, S. (1930): Vortrag vor der Berliner Psychoanalytischen Gesellschaft.

Rheingold, H. A. (1956): The Modification of Social Responsiveness in Institutional Babies, Monogr. Soc. Res. Child Developm., 21.

Roffwarg, E., Dement, W., Muzio, J. und Fisher, C. (1962): Rapid Eye Movements of Sleep, Arch. Gen. Psychiat., 7.

Simmel, E. (1948): Alcoholism and Addiction, Psa. Quart., 17.

Sperling, O. (1944): On Appersonation, Int. J. Psycho-Anal., 25.

Spitz, R. A., Film WF. Nr. 202; WF. Nr. 206; WF. Nr. 207.

— (1945): Hospitalism: An Inquiry into the Genesis of Psychiatric Conditions in Early Childhood, The Psychoanalytic Study of the Child, 1.

— (1946 a): Hospitalism: A Follow-up Report, The Psychoanalytic Study of the Child, 2.

— (1946 b): Anaclitic Depression: An Inquiry into the Genesis of psychiatric Conditions in Early Childhood, II, The Psychoanalytic Study of the Child, 2.

— (1950): Anxiety in Infancy: A Study of its Manifestations in the First Year of Life, Int. J. Psycho-Anal., 31.

Spitz, R. A. (1951): Psychogenic Diseases in Infancy, The Psychoanalytic Study of the Child, 6.

— (1952): Authority and Masturbation: Some Remarks on Bibliographical Investigation, Psych. Quart., 21. Deutsch: Autorität und Onanie. Einige Bemerkungen zu einer bibliographischen Untersuchung, Psyche, 6, R. 1.

— (1954): Die Entstehung der ersten Objektbeziehungen, Stuttgart (Ernst Klett) 1957.

— (1955a): The Primal Cavity: A Contribution to the Genesis of Perception and Its Role for Perception, The Psychoanalytic Study of the Child, 10. Deutsch: Die Urhöhle. Zur Genese der Wahrnehmung und ihre Rolle in der psychoanalytischen Theorie, Psyche, 9. S. 641.

— 1955b): Childhood Development Phenomena: 1. The Influence of the Mother and Child Relationship and its Disturbances. 2. The Case of Felicia. In: Mental Health and Infant Development, hrsg. v. K. Soddy, London (Routledge & Kegan Paul).

— (1955c): A Note on the Extrapolation of Ethological Findings, Int. J. Psycho-Anal., 36.
— (1956): Countertransference: Comments on Its Varying Role in the Analytic Situation, J. Amer. Psychoanal. Ass., 4. Siehe auch: Übertragung und Gegenübertragung, Psyche, 10, S. 63.
— (1957): No and Yes: On the Beginning of Human Communication, New York (Int. Univ. Press). Deutsch: Nein und Ja. Die Ursprünge der menschlichen Kommunikation. Stuttgart (Ernst Klett) 2. A. 1970.
— (1959): A Genetic Field Theory of Ego Formation, New York (Int. Univ. Press). Deutsch: Eine genetische Feldtheorie der Ich-Bildung, Frankfurt/M. (S. Fischer) 1972.
— (1963): Ontogenesis: The Proleptic Function of Emotion. In: The Expression of Emotions, hrsg. v. P. H. Knapp, New York (Int. Univ. Press).
— (1965): The First Year of Life. A Psychoanalytic Study of Development of Object Relations, New York (Int. Univ. Press). Deutsch: Vom Säugling zum Kleinkind. Naturgeschichte der Mutter-Kind-Beziehungen im ersten Lebensjahr, Stuttgart (Ernst Klett) 1967, 2. A. 1972.
— und Wolf, K. M. (1949): Autoerotism: Some Empirical Findings and Hypotheses on Three of Its Manifestations in the First Year of Life, The Psychoanalytic Study of the Child, 3/4.
— und — (1946): The Smiling Response, Genet. Psychol. Monogr. 34.
Stern, Clara und Wilhelm (1927): Psychology of Early Childhood, New York (Holt), 2. A. 1930.
Tilney, F. und Kubie, L. S. (1931): Behavior and Its Relation to the Development of the Brain, Bull. Neurol. Inst., New York, 1.
Winnicott, D. W. (1953): Transitional Objects and Transitional Phenomena, Int. J. Psycho-Anal., 34. Deutsch: Übergangsobjekte und Übergangsphänomene, Psyche, 23 und in: Winnicott, D. W., Vom Spiel zur Kreativität, Stuttgart (Klett) 1973.
Yerkes, R. M. (1943): Chimpanzees, New Haven (Yale Univ. Press).
— und Eider, J. H. (1936): The Sexual and Reproductive Cycle of Chimpanzees, Proceedings of the National Academy of Science, Washington.
Zeigarnik, B. (1927): Über das Behalten von erledigten und unerledigten Handlungen, Psychol. Forschg., 9.

Weitere Titel in der Reihe
KONZEPTE DER HUMANWISSENSCHAFTEN

*Sylvia Brody / Sidney Axelrad*
*Angst und Ich-Bildung in der Kindheit*

Aus dem Amerikanischen von Gertrude Kallner

Eine statistische Untersuchung über die Interaktion zwischen Mutter und Kind. Es sollen Meßeinheiten für die mütterliche Stimulierung und den Respons des Kindes erarbeitet und die Theorien über die Ich-Entwicklung an der Praxis nachgeprüft werden. Aus der Fülle des Materials werden die typischen Möglichkeiten mütterlichen Verhaltens herausgearbeitet. Das Buch ist wichtig für die Theorie der Psychoanalyse und für die praktische Arbeit des Kinderpsychotherapeuten, des Pädagogen und des Pädiaters.

*Hans Müller-Braunschweig*
*Die Wirkung der frühen Erfahrung*

Das erste Lebensjahr und seine Bedeutung für die psychische Entwicklung

Der Studierende erhält hier einen ausgezeichneten Überblick über das gesamte Forschungsmaterial zur Mutter-Kind-Beziehung im ersten Lebensjahr. Die Untersuchung weist nach, daß die Entwicklung der von der Anlage her gegebenen Möglichkeiten des Kindes von der Anwesenheit fördernder Außenweltreize abhängt, vom Kontakt mit einer Sicherheit gebenden kontinuierlichen Pflegeperson.

*Elizabeth R. Zetzel*
*Die Fähigkeit zu emotionalem Wachstum*

Aus dem Amerikanischen von Gudrun Theusner-Stampa

Elizabeth R. Zetzel, die Vizepräsidentin der Internationalen Psychoanalytischen Vereinigung, will mit diesen Untersuchungen Brücken schlagen zwischen Psychiatrie und Psychoanalyse. Es geht darum, die Anlage zur Depression und zur Hysterie zu explorieren und den emotionalen Reifungsprozeß unter dem Aspekt der Ich-Psychologie zu sehen.